베이비부머의 **노년수업**

가족학자 10인이 제안하는 행복한 노년 교과서

베이비부머의 노년수업

한국가족상담교육연구소 지음

(주)교 문 사

멋진 노년을 준비하기 위해

요즘 '베이비부머(Baby boomer)' 세대가 사회적 화두로 떠오르고 있다. 부모에게 효도하는 마지막 세대이자 자식에게 버림받는다는 첫 번째 세대로 일컬어지면서 베이비부머 세대의 위기론이 공공연하게 거론되고 있다. 그런데 위기를 극복할 수 있는 방안으로 경제적인 측면만이 주로 언급되고 있다. 물론 경제적인 준비도 중요하지만 그보다 더 중요한 부분을 놓치고 있다. 그것은 바로 '인간관계'이다. 중년 이후에는 배우자와의 관계, 친구와의 관계, 자녀와의 관계 등 관계를 통한 행복에서 삶의 질이 결정된다 해도 과언이 아니다.

따라서 이 책에서는 가족관계에서부터 사회적 인간관계에 대한 내용을 주로 다루었다. 수명이 길어지면서 중년 이후에 개인의 삶에 가장 중요한 관계로 부각되는 부부관계에 대한 내용을 가장 많이 다루었으며, 성인자녀와의 건강한 관계 맺기를 돕는 내용, 나이 들면서 더 소중해지는 친구와 이웃과의 관계에 대한 내용도 다루었다. 또한 나 스스로가 신체적·심리적으로 건강해야 타인과의 관계를 건강하게 맺고 유지할 수 있으므로 심신을 건강하게 유지하기 위한 내용도 함께 다루었다. 이러한 내용을 중심으로 베이비부머들이 현재와 미래에 관계망을 튼실하게 맺어 풍요로운 삶을 영위하는 데 도움을 주고자 하였다.

10인의 가족학 전공자들이 전공공부를 통한 이론과 함께 실제 가족생활을 하면서 부모님들과 자녀와의 관계를 통한 경험을 바탕으로 진솔하게 글을 썼다. 우리부터라도 이렇게 변화했으면 하는 마음에서 출발한 것이다.

　　흔히 나잇값을 제대로 하는 어른이 없다는 이야기를 많이 한다. 베이비부머들이 이 책을 통해 현재와 미래의 삶을 고민하고 준비하여 풍요로운 노년의 삶을 살고 젊은 세대에게는 나잇값을 하는 멋진 노인이 되기를 바란다.

　　강의하고 연구하는 바쁜 와중에 틈틈이 짬을 내서 함께 열띤 토론을 하며 글을 쓴 연구원 모두에게 격려의 박수를 보내며, 마지막으로 어려운 여건 속에서도 기꺼이 출판을 맡아준 ㈜교문사 류제동 사장님과 양계성 전무님을 비롯한 편집부 직원 여러분께 감사의 마음을 전한다.

2014년 8월에

대표저자 배선희

차 례

아버지랑
한 잔 할래?

🖋 오명근 씨는 요즘 아들과 가까워지려고 노력 중이다. 20대 후반의 아들은 미혼이지만 직장 때문에 지방에 내려가 있어 자주 보지 못한다. 명절이나 일이 있을 때 가끔 만나는 아들은 상당히 서먹하고 멀게 느껴져 말을 걸기가 쉽지 않다. 이야기를 시작해도 오랫동안 대화를 이어가지 못한다. 아들이 초등학생일 때는 장난도 많이 치고 주말마다 함께 놀러 다니는 등 아주 친하게 지냈는데, 아들이 중학교에 들어간 후부터 함께 보내는 시간이 뜸해지면서 대화가 점점 줄고, 아들에 대해서 아는 것도 점차 적어졌다.

최근 그는 소원해진 관계에 아쉬움을 느껴 아들과 다시 가까워지고자 여러모로 노력을 하고 있지만, 이미 성인이 되어버린 아들은 매우 바빠서 같이 보낼 수 있는 시간이 많지 않다. 함께 있을 때에도 다소 어색해하면서 묻는 말에 몇 마디 대답하는 것 외에는 통 입을 열지 않는다. 게다가 이야기를 나누다가 자신도 모르게 잔소리를 하게 되는 경우가 종종 생기다 보니 이제는 아들이 그를 슬슬 피하는 것 같기도 하다. 처음에는 그러려니 했으나 시간이 지날수록 더 멀어지기만 하는 것 같아 서운하고 외롭다. 그래서 아들에게 예전보다 말도 더 많이 걸고, 뭔가 도와줄 일은 없는지 물어보면서 다가가려고 애쓴다. 하지만 서먹해진 아들과의 거리를 좁히는 것이 쉽지 않다.

대부분의 아버지들은 직장과 사회에서의 활동이 왕성해지면서 자녀들과 함께 보내는 시간이 줄어들게 되고, 그러다 보면 자녀들의 관심사나 생활에서 많이 멀어지게 된다. 은퇴 이후, 여가 시간이 많아진 아버지는 이제 성인이 되어 사회생활을 시작하는 아이들에게 좋은 조언자의 역할도 해주고, 더 많은 시간을 같이 보내고 싶어한다. 하지만 막상 대화를 시작하면 쑥스럽고 어색해 피상적인 이야기만 주고받으면서 정작 진심은 나누지 못하는 경우가 많다. 그리고는 좀 더 일찍 아이들과 시간을 갖지 못한 것을 후회하고, 이미 굳어져버린 자녀와의 관계를 어떻게 풀어야 할지 몰라 깊은 고민에 빠지거나 아예 포기해버리곤 한다.

그렇다면 자녀들과 함께 하는 시간이 많지 않았던 아버지들은 모두 다 자녀와의 관계가 어색하고 멀기만 할까? 그렇지 않다. 자녀가 중·고등학교를 다니는 동안에는 상호작용이 줄어들고, 대화도 제대로 못 하다가 자녀가 성인이 된 후에 오히려 서로를 더 잘 이해하고 정서적으로 가까운 사이가 되는 아버지와 자녀들도 있다. 무엇을 어떻게 하면 되는 걸까?

자녀들과 친하게 지내는 아버지들은 무엇보다 자녀를 존중한다.

'존중'한다는 것은 자녀의 생각과 감정, 인생관 등을 있는 그대로 인정해 주는 것이다. "너는 아직 어리니까 쓸데없는 생각하지 말고 아버지 말 들어라."가 아니라 "아버지는 네 뜻을 존중하고, 네가 자신에게 가장 좋은 선택을 할 것이라고 믿는다."는 자세로 자녀들을 대하는 것이 좋다. 직장 상사나 중요한 고객을 대할 때처럼 말이다. 직장 상사 앞에서 어떤 표정과 말투와 태도를 취하는가? 내 기분과 상황에 따라 태도가 달라지는가? 중요한 고객과는 어떤 마음으로 만나고, 어떻게 약속을 지키며, 내가 잘못한 일이 있을 때는 어떻게 행동하는가? 나에게 있어 내 자녀들은 직장 상사나 고객보다 훨씬 소중한 존재라는 사실을 잊어서는 안 된다. 나를 믿어주고 지지해주는 사람 앞에서 마음을 열고 솔직해질 수 있는 것은 부모·자녀 관계에서도 마찬가지다.

　그리고 진심을 솔직하게 보여주자. 그동안 바쁘게 생활하느라 시간을 같이 못 보내고, 제대로 관심을 기울이지 못했던 것이 후회된다면 자녀들에게 그 마음을 솔직하게 전하는 것이 좋다. 대학생들에게 아버지와의 관계에 대해 물어보면 아버지와 친해지고 싶지만 방법을 모르겠다는 대답이 많이 나온다. 아이들은 항상 꼿꼿하고 고집스럽게 보이는 아버지에게 어떻게 다가가야 할지 몰라 답답해한다. 아버지와 가까워지고 싶은 마음은 자녀들도 아버지 못지않다. 이런 자녀들에게 다가설 수 있는 기회를 만들어 주자.

또한 자녀들에게 충고와 조언을 하려고만 하지 말고, 아버지의 고민을 먼저 이야기해보자. 바쁜 아이들이 아버지 고민 따위를 듣고 싶어할 리 없으며 애들한테 이야기해본들 뾰족한 해결책도 없는데, 괜히 부담만 될 거라 생각하고 미리 포기할 필요는 없다. 성인이 된 자녀들은 더 이상 부모가 지키고 이끌어주어야만 하는 존재가 아니다. 오히려 부모에게 힘이 될 수도 있다. 자녀들은 아버지의 강한 모습보다 솔직하게 진심을 전하는 모습에 훨씬 더 편하고 쉽게 다가간다.

자녀들이 아버지의 이야기에 귀 기울이지 않는 듯 보일 수도 있다. 그러나 아버지가 진심을 담아 고민을 이야기하면 자녀들은 좋은 상담자가 되어줄 것이며, 자신들도 어느새 아버지에게 마음을 전하게 될 것이다. 뿐만 아니라 고민거리를 함께 나누다 보면 서로에게 자연스럽게 관심을 더 기울이게 될 테니 서먹해져 버린 자녀에게 다가가기 위한 방법으로 이보다 더 좋은 것이 있겠는가.

　자녀들에게 먼저 말을 걸어보자.

　"아버지랑 한 잔 할래? 너랑 의논하고 싶은 게 있는데."

TIP 성인이 된 자녀와 가까워지고 싶다면

- 아버지의 권위에만 집착하지 말자. 충고와 지도만 중요한 것은 아니다. 성인이 된 자녀는 이제 서로 힘이 되어 주는 길동무 같은 존재가 될 수 있다.

- 지레짐작으로 포기하지 말자. 자녀들도 아버지와 가까워지고 싶어한다. 아버지의 마음이나 고민을 솔직히 풀어놓으면서 아이들의 이야기도 열심히 들어보자.

- 억지로 자녀들에게 맞추거나 이해하는 척할 필요는 없다. 이해가 안 되는 점은 솔직하게 물어보고, 생각이 다른 부분은 이야기해 주자. 단, 추궁이나 비난, 강요하는 태도는 삼가자.

- 자녀와 좋은 관계를 유지하는 것이 힘들다면 아버지교육 프로그램에 참여하여 좋은 아버지의 역할에 대해 배워보는 것도 도움이 된다.

우리 집 귀한 딸,
남의 집 여시 같은 딸

신소영 씨는 사회생활을 하고 있는 딸과 대학생 아들을 두고 있다. 그녀가 요즘 큰 고민에 빠졌다. 자녀들에게 마음에 맞는 '여친', '남친'이 생긴 것이다. 소영 씨는 처음에는 자녀들에게 이성친구가 생겼다니 신기한 마음 반, 호기심 반으로 자녀들의 '남친', '여친'이 궁금했다. 하지만 시간이 지날수록 걱정스럽고 혼란스러운 마음이 자리 잡기 시작했다. 과연 무엇이 그녀의 마음을 그토록 어지럽힌 것일까? 소영 씨의 이야기를 들어보았다.

"아들아이와 딸아이의 이성 친구를 생각하고 대하는 내 마음이 아주 달라요. 지금 직장에 다니고 있는 우리 딸한테 남자친구가 생겼다고 해서 이야기를 들어보니, 그 친구가 우리 딸아이한테 뭐든 져주고 들어주는 편이라네요. 우리 딸은 성격이 아주 적극적이고 활달하거든요. 어떻게 보면 남자친구를 리드하고 있는 거죠. 요즘은 여자들이 더 적극적인 경우가 많잖아요. 참 잘 만났고, 잘 되었다는 생각이 들어요.

그런데 아들의 경우는 좀 다르다는 게 문제예요. 일단 우리 아들한테 여자친구가 생겼다는 게 솔직히 마음에 들지 않아요. 이런저런 이유가 있겠지만 가장 큰 문제는 아들이랑 만나고 있는 여자친구가 한 마디로 좀 드세다고 할까요? 우리 아들은 딸아이랑 다르게 성격이 순하거든요. 그런데 우리 애가 이 여자친구한테 잡혀 지내는 걸 보니 아주 속이 답답해 죽겠어요.”

소영 씨는 딸의 적극적인 태도에 대해서는 흐뭇하면서 아들이 적극적인 여자친구에게 휘둘리고 있다는 생각에 무척 속이 상했다. 동시에 이렇게 딸과 아들을 생각하는 마음이 달라서 자신도 놀랐다.

우리 사회의 뿌리 깊은 가부장적 가족제도는 '딸 가진 죄인'을 만들어냈지만, 최근의 사회 분위기는 여성 리더, 여성의 능력에 주목하고 있다. 이러한 시대의 흐름에 부응하여 '딸 가진 어머니'들은 이제 목소리를 높이며 활발하게 활동하는 딸을 매우 흐뭇하게 바라본다. 반대로 '아들 가진 어머니'들은 점점 좁아져 가는 남성의 입지에 대해 걱정한다. 자신의 아들이 누군가의 남자친구 혹은 남편이 되어 찍소리도 하지 못하고 잡혀 살까 봐 불안한 것이다.

딸의 적극적인 모습은 독려하면서 아들이 적극적인 여자친구를 만나는 것은 속상해하고 꺼리는 이면에는 무슨 심리가 자리 잡고 있는 것일까? 혹시 가족이기주의는 아닐까? '가족이기주의'란 자기 가족의 이익만을 꾀하고 타인의 이익은 염두에 두지 않는 태도를 말한다. 자기 가족의 가치와 유사한 생각이나 태도만 받아들이고 그 외의 다양한 시각과 가치에 대해

서는 배타적인 태도를 취하는 것이다. 내 딸이 남자친구를 주도하는 것은 박수 쳐주고 남의 딸이 내 아들에게 똑같이 하는 것은 잘못된 일이라고 생각하는 것도 결국은 가족이기주의에서 비롯된 것이다.

지금의 혼란스러운 마음가짐으로 내 딸, 남의 딸의 입장을 계속해서 서로 다르게 생각한다면 훗날에는 결국 고부 갈등, 장서 갈등이 심화되거나 가족관계가 악화되는 결과를 가져올 수 있다. 그렇게 되기 전에 바꿔야 한다.

첫째, 아들이든지 딸이든지 똑같이 바라보고 대하는 균형 있는 자세가 필요하다. 내 딸이 귀하듯이 남의 딸도 귀하게 여길 줄 알아야 한다. 내 딸이 적극적이어서 좋다면 남의 딸이 적극적인 것도 흠이 되어서는 안 된다. 내 딸과 똑같이 남의 딸도 소중한 존재라는 점을 염두에 두고 받아들여야 한다.

둘째, 자녀 문제에 대해 여유를 가지고 바라보는 자세가 필요하다. 중년기는 자녀를 독립시키는 시기이므로 자녀를 품에서 내려놓기 위해 노력해야 한다. 자녀가 스스로 자기 자신의 삶을 살아갈 수 있도록 한 발 뒤로 물러나서 응원해주는 일만 남았다. 어떤 조합이든지 둘이 행복하다면 내버려 두는 것이 옳지 않을까? 좀 더 성숙한 마음가짐으로 이들을 바라본다면 진정한 마음의 평화를 얻을 수 있을 것이다. 박지현

자식에 집착하면
자식을 망친다

      필자는 몇 해 전 한 학기 강의가 끝나고 성적을 공지한 후에 기막힌 경험을 했다. 한 학생이 리포트를 제출하지 않고 출석도 엉망이라 기말고사를 보러왔을 때 미리 성적이 F일 수 있음을 알려주었고 그 학생도 수긍을 하고 돌아갔다. 그런데 학생이 성적을 확인한 후에 전화로 이의를 제기해 성적이 그럴 수밖에 없음을 다시 자세하게 설명해주고 전화를 끊었다. 그러자 다음 날부터 그 학생의 어머니가 아들 성적이 잘 나와야 한다며 전화를 하기 시작했다. 처음에는 전화를 받고 자세하게 설명을 해주었지만 몇 번

씩 전화를 해서 나중에는 전화를 받지 않았다. 그러자 이번에는 아버지가 전화를 하기 시작했다.

자녀가 대학생인데 성적 때문에 부모가 모두 나서서 전화를 하는 건 도무지 이해가 되지 않는다. 성인인 대학생이 그런 문제조차 스스로 해결하지 못한다면 앞으로 더 힘든 사회생활, 결혼생활을 어떻게 제대로 할 수 있을까? 그래서 '헬리콥터 부모와 캥거루 아이들', '마마걸', '마마보이'란 말이 나도는 모양이다. 그래서인지 요사이는 신혼 초에 부부 싸움이 발생하면 당사자인 부부가 해결책을 찾는 게 아니라 양쪽 부모들이 개입을 해서 문제를 더 크게 만든다고 한다. 실제로 신혼기에 이혼하는 부부 중 많은 경우가 이렇게 부모가 자녀와 분리되지 못해서 발생한다.

자녀가 성인이 되면 스스로 모든 걸 결정하고 그에 따른 책임을 져야 한다. 말 그대로 성인이니까. 하지만 부모들이 나서서 그걸 못 하게 하고 있으니 부모가 도리어 자녀들의 성장을 막고 있는 셈이다. 부모나 자녀가 자신이 속한 생애주기상의 인생숙제를 제대로 수행하지 못하면 개인이나 가족, 나아가 사회 전체에 부정적인 영향을 미치게 된다.

중년인 부모는 노부모나 형제 또는 친구의 죽음 등으로 삶의 유한성(죽음)을 인식하게 되면서 이 세상에 왔다 갔다는 흔적을 남기고 싶어하는데, 우리 사회에서는 이를 주로 자녀를 통해서 남기려고 한다. 그러다 보니 이 시기가 되면 부모는 자녀에게 더 집착하게 된다. 그래서 대학 선택, 학과 선택, 취업 선택, 심지어는 결혼까지 이래라저래라 참견하게 된다. 또, 그런 삶에 길들여진 자녀들은 아무 생각없이 부모의 의견을 따르게 된다.

그러나 20대, 30대의 자녀들은 이 시기에 친구, 이성 친구, 직장 동료와 상사, 배우자 등과 친밀감을 쌓아야 한다. 그러니 당연히 부모와는 거리가 멀어질 수밖에 없다. 부모가 자녀의 이런 인생숙제를 받아들이고 의식적으로 거리를 두려고 노력해야 하는데, 도리어 자녀에게 계속 집착하게 되면 자녀는 다른 사람들과 친밀감을 쌓을 수가 없어서 사회생활이나 결혼생활을 제대로 할 수가 없게 된다.

모든 부모는 자녀가 행복하길 원한다. 하지만 우리 주위에는 자녀를 불행하게 만드는 부모들도 많다. 왜냐하면 자녀의 입장이 아니라 자신의 입장에서 생각하고 행동하기 때문이다. 자녀의 입장을 이해하고 자녀의 인생숙제를 도와주는 멋진 부모가 되기 위해서는 자녀의 발달에 따른 부모의 역할이 변해야 하고, 이를 계속해서 배워야 한다. 낳았다고 다 부모가 아니라, 계속해서 공부하고 배운 것을 실천하는 부모가 진짜 부모다. 자녀들이 그런 모습을 보고 자라면서 부모로부터 더할 나위 없이 소중한 유산을 물려받게 된다.

자녀 스스로 자신의 삶을 선택하게 하고 그에 따른 책임을 자신이 지면서 발달과업을 달성할 수 있게 하자. 어차피 부모는 자식들보다 이 세상을 먼저 떠나므로 자녀를 죽을 때까지

보호해줄 수가 없다. 그렇다면 자녀가 스스로 자기 앞가림을 잘할 수 있도록 곁에서 묵묵히 지켜봐 주는 것이 바람직하지 않을까?

자녀들은 그들의 인생숙제를 스스로 하도록 내버려두고, 그 대신 부모는 자신이 갖고 있는 다양한 재능과 삶의 지혜를 공동체의 성장과 발전을 위해 나누는 것이 바람직하다. 한 달에 한 번씩이라도 유치원에서 구연동화를 해주거나 독거노인을 방문하여 말벗이 되어주거나 병원에서 안내를 해주거나. 그렇게 내가 이 세상에 왔다 갔다는 흔적을 남겨보자.

자식에 집착하면 자식을 망칠 수도 있지만, 자식과 일정한 거리를 두면 자식과 부모 모두 윈윈(win-win)할 수 있다. 자식에게 쏟는 정성의 일부분을 나의 가치를 새롭게 느낄 수 있는 일로 대신하면 나 자신을 살찌우고, 나아가 사회를 건강하고 행복하게 만들 수 있다. 그게 바로 중년기에 해야 할 과제이다. 좋은말씨

이제부터 가족 선물은
'쿠폰'으로

      예전에 방영된 드라마의 한 장면이다. 어느 노부부가 30년 만에 잃어버린 아들을 찾았는데, 그 아들이 어버이날에 부모님께 특별한 선물을 했다. 30년 동안 카네이션을 드리지 못했다고 30송이의 카네이션과 자신이 지금까지 어떻게 살아왔는지를 담은 성장 영상, 그리고 쿠폰을 선물했다. 쿠폰에는 아들과 밥 먹기, 등산하기, 용서하기 등이 써 있었다. 가족들은 모두 특별한 쿠폰 덕분에 기뻐했다. 형제들은 처음으로 챙겨드리는 어버이날인 만큼 큰 선물을 해야 한다고 충고했지만 아들 부부는 자신들이 생각한 대로 준비를 했다. 그 결과 부모뿐만 아니라 가족 모두를 기쁘게 했다.

이 드라마를 보면서 아들이 유치원에 다닐 때 어버이날 선물로 받은 쿠폰이 생각났다. 손으로 직접 그림을 그리고 글씨를 써서 만든 앙증맞은 쿠폰에는 안마해 드리기, 발 씻겨 드리기 등이 쓰여 있었다. 지금 생각해도 입가에 미소가 지어지며 기분이 좋아진다. 그 때 나는 그 쿠폰을 남편과 정말 아끼며 사용했다.

대부분의 자식들은 생일, 어버이날, 명절과 같은 특별한 날에 부모님께 선물을 한다. 어떤 이는 현금을 드리고, 어떤 이는 상품권, 또 어떤 이는 물건을 드리기도 한다. 그런데 선물을 드리는 자식이나 받는 부모 중 어느 한쪽이라도 부담스럽다면 그 선물에 대해서 다시 생각해보아야 한다.

현재 중년 부부는 청소년기 자녀를 교육시키면서 노부모를 부양하고 있는 샌드위치 세대이다. 윗세대인 노부모를 위해서 용돈, 생활비, 병원비를 지출하고, 아랫세대인 자녀를 위해서는 등록금과 사교육비 등을 지출하여 허리가 휠 정도이다. 더욱이 최근에는 정년퇴직이 보장되지 않고 이 시기에 퇴직을 경험하는 경우가 많아서 경제적으로 매우 힘든 상황이다. 이렇게 경제적으로 힘든 중년세대가 선물로 인한 부담까지 겪는다면, 선물문화에 대해서 다시 생각해보아야 한다.

구체적으로 이렇게 시작해보면 어떨까? 새해에 자녀들이 세배를 하면 "올해부터는 생일날이나 어버이날에 마음이 담긴 쿠폰을 선물해 주었으면 좋겠구나." 하고 말이다. 예를 들어 자녀들은 아빠와 등산하기, 엄마와 산책하기, 부모님과 함께 영화 보기 등 마음이 담긴 쿠폰을 선물한다. 반대로 노부모들은 명절날 설거지 해방 쿠폰, 하루 손주 돌봐주기 쿠폰 등 자녀들에게 줄 수 있는 선물에는 무엇이 있을지 생각하고 실천해보자.

이런 마음이 담긴 쿠폰은 자녀세대가 경제적인 부담없이 편안하게 부모님을 찾아뵙게 될 것이며, 부모와 자녀가 함께하는 시간이 늘면서 서로를 더 많이 이해하게 되고 친밀감을 쌓게 될 것이다. 또한 자녀들에게 좋은 본보기가 되어 새로운 가족문화를 만들게 될 것이다.

2부

베이비부머 부부,
오래 함께 잘 살기

제2의 신혼이냐 황혼이혼이냐?
중년 남자의 자격은?
일상에서의 남편의 일탈
말하지 않아도 알까요?
허그부터 시작해 보세요

제2의 신혼이냐

황혼이혼이냐?

의학기술의 발달로 평균 수명이 길어지면서 자녀들을 떠나보낸 후 부부 둘만이 함께 보내야 하는 시간이 과거에 비해 많이 길어졌다. 따라서 부부관계의 질이 중년기 이후 개인의 삶의 질과 행복에 결정적인 영향을 미치게 된다.

언젠가 인터넷에서 중년 이후의 부부 유형에 웬수 부부, 소 닭 부부(남남 부부), 친구 같은 부부, 애인 같은 부부, 간병인 부부가 있다는 기사를 보았다. 최근에는 우리 사회 여기저기서 '황혼이혼, 은퇴 남편 증후군, 소파 전쟁, 삼식이'라는 단어도 자주 등장한다. 그렇다면 많은 중년의 부부들이 위의 유형 중에 웬수 부부이거나 소닭 부부(남남 부부)에 해당한다는 이야기가 된다.

남편은 직장에서, 아내는 가정에서 서로 20년 넘게 각자 분리되어 생활하다가 갑자기 대부분의 시간을 함께 보내게 되면 남편은 남편대로 아내의 눈치를 보아야 하고, 아내는 자녀들을 키우느라 누리지 못했던 자유를 누릴 시기에 남편이라는 '혹'이 생기다 보니 스트레스를 받게 된다.

'한국 중년 남성, 아내 없으면 한 달이면 폐인된다'는 기사를 본 적이 있다. 남성들은 오로지 일 중심으로 생활하다 보니 가정에서의 역할을 제대로 수행해본 적이 없고, 그에 따라 퇴직 후에 전적으로 아내에게 의존하며 살게 됨을 의미한다. 흔하게 들었던 '젖은 낙엽'의 삶이다. 그런데 그 시간이 짧으면 다행인데 평균 수명이 늘어나면서 그런 의존적인 관계가 길어지고, 이로 인해 남편과 아내 모두의 삶의 질을 낮출 수도 있다.

필자가 중년의 여성들을 대상으로 부부 교육을 하면서 이혼하지 않고 결혼생활을 유지하는 비결을 물어본 적이 있다. 그런데 기가 막힌 대답이 나왔다. "월급 때문이요." 몇 명이 그렇게 대답을 한 게 아니라 절반 이상이 그렇게 대답을 했다. 자녀도 아니고 월급 때문이라니. 만약 남편이 퇴직을 하여 월급을 못 받게 되면 더 이상 쓸모없어진 남편과 이혼이라도 하겠다는 것인지? 그래서 필자가 "그럼 남편들은 뭐라고 대답할까요?"라고 반문을 했다. 그러자 대부분 '자녀 때문'이라고 응답할 거라고 예상을 했다.

　이처럼 많은 중년의 부부가 배우자와 인생의 동반자로서 살아가기보다는 배우자를 돈을 벌어다 주는 사람, 가사나 육아를 책임져주는 사람, 즉 '수단'으로 삼아 생활하고 있다. 그러다가 그 수단의 의미가 사라지게 되면 서로 존재의 의미를 잃게 되어 황혼이혼으로 갈 수도 있다. 최근 우리 사회에서 20년 넘게 결혼생활을 유지했던 부부가 헤어지는 이른바 황혼이혼이 점점 증가하고 있고, 황혼이혼이 이혼의 많은 비중을 차지한다는 기사를 곳곳에서 보고 듣는다.

그렇다면 황혼이혼을 고민하는 중년의 부부가 아니라, 중년에도 애인 같은 부부로 신혼부부처럼 살 수는 없을까? 신혼기부터의 부부관계가 누적되어 중년 이후의 부부관계의 질을 결정짓는다. 따라서 가족의 뿌리인 부부관계를 위해 신혼기부터 부부가 힘을 합쳐서 노력했어야 한다. 그러나 우리의 가족을 들여다보면 부부관계가 아닌 부모·자녀 관계가 가족의 중심이 되는 경우가 매우 많다. 중년기에 이를 다시 부부관계 중심으로 되돌리는 것은 결코 쉬운 일이 아니다. 자녀들을 떠나보내고 30년 넘게 남은 긴 시간을 부부 둘이서만 지내려면 이제부터라도 관계를 회복하고 개선하기 위해 부부가 함께 고민하고 노력해야 한다.

가족학자인 올슨(Olson) 등에 의하면 행복한 부부와 불행한 부부의 차이를 연구한 결과, 의사소통과 친밀감 등에서 두

드러진 차이를 보인다고 했다. 그렇다면 지금까지 배우자가 어떤 말을 해줄 때 기분이 좋았었는지 차분히 생각해보고, 역으로 배우자가 환하게 미소 지을 수 있는 말이 무엇일지 고민한 후에 내가 먼저 마음을 담아 그 말을 전달해보자.

또한 친밀감을 높이고 나아가 성적으로도 만족할 수 있는 애인 같은 부부가 되기 위한 노력도 해 보자. 중년이 되면 부부간에 달콤함이 사라지고 타성에 젖어서 살게 되는데, 젊은 이들이 화이트데이니 무슨 데이니 하면서 초콜릿을 사거나 꽃을 사는 것에서 힌트를 얻어 사탕 한 봉지, 초콜릿 한 개, 장미꽃 한 송이, 아니면 배우자가 좋아하는 노래 한 곡으로 달콤함을 회복해보면 어떨까? 그리고 눈치 볼 자식들도 없는데 애정도 적극적으로 표현해보자. 이 나이에 뭐가 두려우랴?

특히 많은 아내들은 아직도 남편에게서 사랑도 선물도 받아야만 한다고 생각하는데, 이제 그런 고정관념에서 벗어나 먼저 남편에게 달콤함을 선물해보는 것도 좋다.

'오늘은 남은 인생에서 가장 젊은 날'임을 마음에 새기고, 부부가 모두 용기를 내어 이제부터 상대방이 무엇을 해주기를 기다리지 말고 먼저 나서서 부부관계의 회복을 위해 노력해야 한다. 내가 한 만큼 되돌아오는 부메랑의 법칙을 기억하면서 그 첫발을 내딛어보자. '사랑해요'라는 말 한마디로, 또는 낭만적인 분위기를 만들어줄 촛불 하나로, 아니면 안개꽃 한 다발로, 아니면 야한 잠옷으로.

중년 남자의
자격은?

🖋 대기업 부장으로 있던 이석형 씨는 55세에 정년퇴직을 했다. 퇴직 후에 처음 닥친 어려움은 일이 없어지면서 생기는 사회적 고립감과 무력감이었다. 게다가 가족들도 자기를 피하는 것 같고, 자신의 존재감마저 없어진 것 같아 더욱 서글퍼진다. 직장에 다니는 아들에게 주말에 함께 등산하러 가자고 하면 일을 핑계대고, 대학 다니는 딸은 데이트가 있다며 거절을 한다. 사정도 해보지만 나중에는 자존심이 상해 요즈음에는 괜히 늦게 들어오는 아들을 타박한다. 결국 붙잡을 사람은 아내밖에 없다고 생각하지만 아내 역

시 바쁘다. 아내는 주부노래교실 강사를 하고 있기 때문이다. 처음에는 나갈 엄두를 못 내다가 집에 혼자 있는 것이 무료하여 아내를 따라다니기 시작했다. 아내는 남편에게 이제 그만 따라오라고 핀잔을 준다. 직장에 다닐 때는 가장으로 인정해주더니 지금은 아내마저 자신에게 등을 돌리는 것 같아 화가 난다. 지금까지 가장으로서 돈 벌어다 주느라 주로 밖에서 생활을 했다. 그러다 보니 가족을 배려하고 따뜻하게 감싸기보다는 큰소리치는 일이 많았고, 아내를 외롭게 한 것 같다. 지금에 와서야 지난날이 후회되면서 자책도 하게 된다.

이석형 씨와 같이 은퇴 후 집 밖에서 자신의 일과 역할이 없어진 남편들은 불안과 소외감을 아내가 함께 풀어 주리라 기대하는데, 귀찮아 하는 듯한 아내의 행동에 부딪히면 외면당하는 것 같고 서운함을 느끼게 된다. 또한 그동안 희생하면서 키워놓은 자식들이 아빠에게 시간을 내줄 만도 한데, 다 키워 놓으니 자기 생각만 하는 것 같아 배신감마저 들게 된다.

그런데 아내 입장에서는 멀게만 느껴지고, 살갑지 않던 남편이 갑자기 모든 것을 함께 하려고 하면 당황스러울 수 있다. 자녀들 역시 그동안 교류가 별로 없던 아빠와 무슨 대화를 어떻게 해야 할지 몰라 어색하기도 하고 불편하게 느낄 수 있다. 그러나 은퇴한 중년의 남성들은 아내와 자식들에게 보상도 받고 싶고 따뜻한 관계를 맺고 싶다. 어디서부터 어떻게 시작해야 할지 막막하기만 하고, 작은 것에도 신경이 쓰이고 소심해진다. 혼자 등산을 해도, 술을 마셔도 개운하지가 않다. 그렇다고 마음을 털어놓고 시시콜콜 이야기하면 잔소리꾼이라는 말을 들을 것 같아 꾹 참는다.

이처럼 중년 남성들이 은퇴를 하게 되면 가정 안에서 설 자리가 없어 주춤하게 된다. 열심히 잘 살았다고 자부했는데 가정으로 돌아와 보니 자신의 자리가 없다는 공허감과 쓸쓸함을 느낀다. 비로소 그동안 살아왔던 삶을 되짚어보게 되는 계기가 되기도 한다. 아내와 공유하고 있는 게 별로 없었기 때문에 아내가 저만치 떨어져 차갑게 서 있는 듯하다. 자녀들과의 공감대도 없는 경우에 소외감은 더욱 심각해진다. 그렇다면 은퇴 후 가족으로부터 외면당하지 않는 중년남성이 되기 위해 가정 안에서 무엇을 시도해야 할까?

첫째, 힘든 일이나 스트레스가 있을 때 아내와 함께 풀어가자. 아내들은 남편이 힘들어 보이는데 혼자 끙끙 앓거나 자신이 아닌 다른 사람들과 스트레스를 풀거나 어려운 속 이야기를 하는 것에 대해 불만을 가지고 있다.

둘째, 이제껏 하지 못했던 가정 안에서의 새로운 역할을 찾아보자. 남자 일과 여자 일이 따로 있다는 고정관념을 버린다. 그동안 바쁘다는 핑계로 못했던 설거지도 해 보자. 대파를 송송 썰어넣고 라면도 끓여보고, 두부와 김치를 접시에 담아 아내와 함께 막걸리 한 잔하는 것은 어떨까?

셋째, 자녀들과 공감대를 형성하기 위한 시도를 해 보자. 이제부터라도 자녀들의 관심과 추구하는 것이 무엇인지 함께 공유하고 대화하면서 아버지의 역할을 찾아보는 것이 바람직하다. 처음에는 서먹서먹할 수 있지만 자녀들이 좋아하는 야구를 함께 보거나 게임도 배우고, 사우나를 같이 가는 것 등 무엇이어도 좋다. 박소현

일상에서의
남편의 일탈

🖋 중소기업 중견간부인 50대 중반의 김용민 씨는 '골프라도 안 하면 무슨 재미로 사나?' 싶을 정도로 골프에 미치다 보니 아내가 귀찮을 때도 있다. "골프를 왜 그렇게 자주 가요?"라는 부인의 말은 귓등으로 흘려버린다. 골프 라운딩을 하면서 느끼는 긴장감과 해방감은 말로 표현할 수 없다. 그래서 필드에서 살다시피 한다.

최근에 중년 남성들로 구성된 바이크나 등산 동호회 등을 많이 볼 수 있다. 그 중에 한 남성은 "다른 데서 못 느끼는 동질감이 있어요. 집에 있으면 집사람이 돈 얘기나 하고 잔소리를 해서 쉬지도 못하잖아요. 나오면 스트레스가 풀리면서 하루가 즐겁고 시간가는 줄 몰라요."라고 말한다.

　요즈음 중년 남성들 중에는 반복되는 힘든 일상에서 벗어나 작은 일탈을 꿈꾸는 경우가 종종 있다. 중년 남성들은 빡빡한 직장생활로 인해 긴장과 스트레스가 쌓여 폭발하기 직전인 경우가 많다. 아내에게 직장 이야기나 고민을 말하면 신경써서 들어주려 하지 않고 오히려 거꾸로 다른 이야기만 해서 답답해한다. 이럴 때 남편은 아내가 남처럼 느껴진다고 한다. 허전함과 고독감을 느끼기도 하고, 인생에서 무언가 잃어버리고 산다고 생각되기도 한다. 그러다 보니 취미가 같거나 마음이 통하는 사람들을 찾아 밖으로 나가게 된다.

　김용민 씨처럼 골프를 치며 스트레스를 풀기도 하고, 등산이나 자전거 하이킹 동호회에 가입하여 회원들과 어울리면서 직장이나 가정에서 느끼지 못하는 동질감을 맛보기도 한다. 스트레스와 지루한 매일 매일의 일상에서 일탈을 시도하는 것이다. 아내는 그런 남편을 이해하지 못한다. 주말만 되면 밖으로 나가는 남편에 대해 불만이 많다. 오토바이가 거의 승용차 한 대 값이라 가계에도 많은 부담이 된다. 남편의 행동을 이해하기 힘들다. 고혈압이 있는 남편이 눈이 오나 비가 오나 테니스장에서 살기 때문에 걱정이 되는 아내도 있다. 일 년 내내 한 주도 빼지 않고 등산을 가서 휴일에 남편 얼굴 한 번 볼 수 없어 서운하다는 아내도 있다. 취미나 여가생활이 적당하면 개인이나 부부에게 삶의 활력소가 되지만, 그 정도가 심하면 문제가 된다. 이처럼 집밖의 활동에만 몰두하는 남편이 걱정되거나 섭섭한 아내들은 어떻게 해야 할까?

첫째, 남편이 직장생활의 스트레스나 힘든 점을 이야기하면 열심히 들어준다. 그것만으로도 남편은 많은 위로를 받게 되고, 자신을 지지해주는 사람은 아내밖에 없다고 느끼게 된다. 남편이 힘들 때 가장 먼저 떠오르는 사람, 가장 먼저 찾고 싶은 사람이 되어보자.

둘째, 남편을 수용하는 마음이 필요하다. 어떤 아내는 지독히도 속 썩힌 남편이지만, 힘이 없고 안쓰러워 보이는 남편의 뒷모습에서 깊은 슬픔과 고독이 보여서 '내가 감싸 안아주어야지.', '내가 보듬어주어야겠구나.' 하는 생각이 든다고 한다. 이처럼 그 사람의 부족한 점, 못난 점, 이해하기 힘든 성격까지도 받아주는 마음이 생기면 수용하기가 쉬워진다.

셋째, 남편과 함께 할 수 있는 취미생활을 찾는다. 남편이 좋아하는 것 중에서 함께 할 수 있는 것을 적극적으로 찾아보자.

말하지 않아도
알까요?

🖋 "내가 이 사람과 산 지가 몇 년인데요. 말하지 않아도 다 알아요." 부부를 상담하면서 많이 듣는 말 중의 하나이다. 하지만 나의 배우자에 대해서 잘 안다고 생각하고 있다면 다시 한 번 생각해보기 바란다.

결혼 20주년 때에 꽃바구니를 선물했다가 아내에게 호되게 당한 기억이 있는 이원재 씨는 결혼 25주년을 맞이하여 이번에는 큰맘 먹고 두툼한 돈봉투를 준비했다. 선물을 보며 깜짝 놀랄 아내의 얼굴을 생각하니 저절로 미소가 지어졌다. 멋진 레스토랑에 가서 저녁식사를 할까도 고민했지만, "이 돈을 차

라리 날 주었으면 집에서 온 가족이 더 맛있게 배불리 먹었을 텐데."라는 아내의 잔소리가 들리는 것 같아 포기했다. 대신 저녁에 먹을 고기를 사들고 집으로 들어갔다. 달콤한 상상은 여기까지인건지 즐거워해야 할 아내의 표정이 영 이상하다. 그런 아내를 보고 이원재 씨는 '이번엔 또 뭐지? 뭐가 잘못된 걸까?' 하면서도 은근히 화가 났다. 아내가 무엇을 좋아할지 열심히 고민하고 준비한 건데 자신의 성의가 무시당한 것 같아 기분이 나빴다.

한편, 요즘 갱년기 우울증에 힘들어하고 있던 아내는 물건을 사러 나갔다가 만난 꼬마의 '할머니'라는 호칭에 놀라 집으로 돌아오자마자 거울 앞에 앉았다. '내가 그렇게 늙어 보이나? 아직은 아닌 거 같은데.' 하면서도 어느새 늘어난 흰머리와 주름, 늘어난 뱃살을 보니 거울 속 자신이 너무 낯설다. 모처럼 화장도 해보았지만 숨길 수 없는 세월의 흔적에 아내는 왠지 모를 서글픔이 밀려왔다. 저녁에 들어온 남편에게 아내는 "나 어때? 할머니 같아?"라고 물어보았다. 이에 남편은 고기와 돈봉투를 건네며 "쓸데없는 이야기하지 말고 이걸로 맛있는 저녁이나 준비해. 배고파."라고 했다. 실망한 아내는 그런 남편이 괜히 미워 아무 말 없이 저녁을 준비했다.

결혼을 하고 처음에는 부부가 서로 많이 다투는데, 배우자를 잘 모른다는 생각에 상대방에 대해 알려고 노력한다. 그러다 어느 사이엔가 시간이 지나면서 부부는 배우자에 대해 잘 안다고 생각해 더 이상 상대방의 생각을 물어보지 않거나 확인하려 하지 않는 경향이 있다.

사람들은 시간의 흐름 속에 변해간다. 이러한 변화는 나 자신은 물론이고 배우자도 마찬가지다. 지금으로부터 10년 전, 5년 전의 자신을 떠올려보자. 지금의 나와 같은가? 예나 지금이나 여전히 똑같은 생각과 가치관, 취향을 가지고 있는가? 하다못해 입맛은 어떠한가? 예전에는 싫어하던 음식이 최근에 좋아지지는 않았는가? 세월의 흐름 속에서 삶을 통해 배운 지혜로 나의 생각과 가치관에 변화가 생기지 않았는가? 짧게는 어제와 오늘, 아니 아침과 저녁에도 바뀌지 않는가?

배우자와 결혼한지 몇 년이 흘러 어느덧 서로에게 익숙해져서 상대방에 대해 다 안다고 생각된다면, 그때가 서로에 대해 다시 알아가야 할 시기가 아닐까 한다. 배우자가 어떤 생각을 가지고 살아가는지, 요즘에 힘들어하는 것이 무엇인지, 무엇이 두려운지, 아니면 자녀들을 독립시키고 나면 어떻게 살아가길 원하는지 등 서로에 대해 호기심을 가지고 상대방의 말에 귀 기울이다 보면 서로 이해하지 못했던 부분이나 몰랐던 것들을 새롭게 알게 될 것이다. 이현주

TIP 배우자와 대화가 잘 안 되는 이유

- 배우자에 대해 다 안다고 생각하여 상대방의 말을 끝까지 듣지 않고 혼자 결론을 내리거나 주의를 기울이지 않는다(상대방이 내 손바닥 안에 있다고 생각함).
- 배우자의 잘못을 고쳐주고 싶은 마음에 조언과 충고 또는 해결책을 제시한다.
- 배우자의 말에 대해 할 말을 준비한다.
- 자신은 관심을 보인다며 배우자의 말에 질문을 자주 한다(이야기의 흐름을 자기 쪽으로 바꿈).

TIP 상대방의 이야기를 이끌어내는 말

배우자와 대화할 때 따지거나 충고해주고 싶은 마음을 진정시키고 다음의 말을 활용해보자.

- 그랬구나, 어, 응, 저런, 정말?, 진짜?, 그래?
- 당신 생각을 듣고 싶어, 당신한텐 중요한 일인 것 같아, 당신은 어떻게 생각해?, 그 이야기 좀 더 듣고 싶은데?, 그래서 어떻게 되었는데?
- 당신 마음을 조금 알 것 같아, 이야기해줘서 고마워, 당신이랑 이야기하는 게 참 좋아.

허그부터

시작해 보세요

🌿 결혼 25년차인 오미주 씨는
남편과 무덤덤한 사이로 지낸 지 꽤 되었다. 남편은 5년 전 차
장 발령이 나면서부터 야근과 회식이 잦아졌다. 승진으로 인
해 스트레스가 많아진 탓인지 집에 오면 곯아떨어져 자고 아
침이 되면 출근하는 바쁜 일상이 반복된 지 오래되었다. 그런
데 요즈음 남편이 뭔가 이상해졌다. 대충 입고 바쁘게 출근
하던 사람이 아침 일찍 일어나 정성들여 머리를 손질하고, 옷
도 이것저것 입어 보는 등 외모에 신경을 쓴다. "당신 뭔가 수
상한데, 왜 그래?" 하고 질문을 던져봤는데 남편은 무슨 말이

냐며 버럭 화를 낸다. 아무래도 남편의 과잉반응이 영 마음에 걸린다.

그동안 우리는 어떤 부부였나? 생각해보니 손을 잡아본 지도 오래되었고, 잠자리를 안 한 지도 6개월이 넘어 기억조차 나지 않는다. 예전에 한두 번 가졌던 부부관계도 그저 남편만 만족하면 끝내버리고 마는 식이다 보니, 내 편에서 오히려 피하게 된 듯도 하다. '살을 맞대고 살지도 않는데 이게 무슨 부부인가?'라는 생각이 들어서 혼란스럽다. 게다가 요즈음 들어 남편은 부쩍 더 무뚝뚝해졌다. 더 이상 나를 여자로 보지 않는 것 같아 속상하다. 한 번이라도 따뜻하게 손을 잡아주면 좋을 텐데, 이대로 늙어 가면 정말 남이 될 것 같은 생각에 서글퍼진다.

결혼 25년차인 이 부부는 서로를 봐도 무덤덤한, 거의 섹스를 하지 않는 섹스리스 부부라고 할 수 있다. '섹스리스(sexless)'란 학자들마다 정의가 다르지만, '부부가 한 달에 한

번도 섹스를 하지 않고 6개월 이상 지속했을 때'를 말한다. 그러나 섹스 횟수 자체가 중요한 것은 아니다. 섹스를 자주 하지는 않더라도 바이오리듬이나 상황에 따라 기다려주기도 하면서 서로 맞추어 가는 게 중요하다.

하지만 오미주 씨처럼 부부관계가 줄어드는 것에 대해, 부부 중 한 사람이라도 불만이 생기기 시작하면 그건 문제가 된다. 부부 중 한쪽 배우자가 불만을 제기하고, 상대방이 이를 이해하거나 수용하지 못한다면 부부 사이에 갈등이 깊어질 수도 있다.

중년에 이르는 동안 아내는 아이들을 키우고 집안일을 하느라 바빴다. 남편도 일로 인한 스트레스와 함께, 가정에 대한 책임감이 주는 심리적 압박감에 쫓기며 살아왔다. 부부는 자신도 모르게 쌓이는 피로와 늘 부족한 시간 탓에 서로 따뜻한 말 한 마디를 건네거나 슬그머니 손을 잡아주는 것조차 잊어버리고 살아온 경우가 많다. 그러다 보니 중년 부부들의 경우 성관계 횟수가 줄어드는 것은 어느 정도 자연스러운 현상이기도 하다. 나이가 들어 늙어가면 호르몬 분비가 달라져 성욕이 저하되고, 부부간의 습관화된 일상은 예전의 열정을 서서히 둔감하게 만들어 버린다. 하지만 부부관계의 횟수가 줄어드는 것이 아니라, 아예 섹스리스의 상황에 이른다면 이를 자연스럽게 받아들여서는 안 된다. 심각한 문제상황에 봉착한 것이다. 오미주 씨처럼 그런 상황을 깨달았지만, 그저 서글퍼하는 데 그친다면 갈등은 더욱 깊어질 뿐이다. 방법을 찾아야 한다. 중년의 섹스에 있어서는 무엇보다도 서로의 욕구를 파악하고 채워주고자 하는 배려의 기술이 필요하다. 그러면 이런 배려의 기술의 첫걸음은 어떻게 시작하는 게 좋을까?

첫째, 부부간에 성에 대해 이야기하는 것을 꺼리거나 창피해하지 말자. 유교문화의 영향을 많이 받은 중년 부부들은 성에 대한 이야기 자체를 꺼린다. 중년의 남성들은 남성호르몬이 저하되면서 아내를 만족시켜주지 못할까 하는 두려움이 있는 데 반해, 아내들은 부드럽고 섬세하게 쓰다듬고 배려하는 소통지향적인 것을 원한다. 부부가 자신의 성에 대한 욕구와 두려움에 대해 솔직하게 이야기하고 이해하는 것이 중요하다. 그것은 만족스러운 성관계로 발전하기 위한 첫 시도이다.

둘째, 허그와 같은 가벼운 스킨십부터 해 보자. 머리를 쓰다듬거나 손을 잡아주고, 장난스럽게 뒤에서 안아주는 것에서부터 시작하다 보면, 어느 사이엔가 섹스리스에서 벗어나 있을 것이다. 부부가 20~30년을 살다 보면 열정이 식을 수도 있지만, 마음을 담아 보내는 눈길과 손길이 부부간의 열정을 새롭게 일으키는 작은 불씨가 될 수도 있다.

셋째, 부부가 함께 노력해도 만족하지 못한다면, 섹스클리닉을 찾아가서 전문가의 도움을 받는 것도 한 가지 방법이다. 곽소현

3부

베이비부머의
자신감 찾기

'58년 개띠'가 어때서?
꿈과 희망을 찾아 배움의 길로!
중년의 버킷리스트
당신의 어머니가 치매에 걸리셨다면?
행복하게 눈감고, 보내는 이들도 죄책감이 없으려면
착한 유산이란?

'58년 개띠' 가

어때서?

🖋 1958년생인 김순영 씨는 2남3녀 중 위로 언니와 오빠, 밑으로 남동생, 여동생이 있는 평범한 셋째 딸이다. 그 때는 여자가 대학을 졸업해도 집에서 신부수업이나 받다가 시집을 가거나 취직을 해도 결혼하기 전까지만 직장에 다니는 것을 당연시하던 때였다. 순영 씨도 직장을 채 1년도 못 다니고 24살에 결혼하여 아들, 딸 낳고 30여 년을 '주부'로 살았다.

남편은 성실한 가장이고 아들딸도 별 탈 없이 잘 자라 직장에 다니고 있다. 그동안 아이들 키우고 알뜰하게 살며 집장만도 하고 돈도 조금 모았다. 남들은 순영 씨를 아무 걱정 없는 사람이라고 부러워하지만 순영 씨는 요즘 신경 쓰이는 게 많다. 남편의 정년퇴직, 자녀의 결혼 등……

　내년이면 남편이 퇴직을 한다. 남편과 퇴직 후에 어떻게 살 것인지에 관해 솔직히 이야기해보고 싶지만 혹시 자존심이 상할까 봐 슬쩍 돌려서 "여보, 당신 퇴직하면 우리 뭐하고 살아요? 무슨 생각 있어요? 내가 뭐라도 시작해 볼까요?"라고 물어보면 남편은 퉁명스럽게 "퇴직금 나오고, 뭘 해도 먹고 살 만큼은 되니까 당신은 걱정 말아요. 괜히 안 하던 일 한다고 앓아 눕지 말고." 하며 말문을 닫는다. 무뚝뚝한 사람이라 내색하지 않아도 혼자 고민하느라 힘들텐데, 순영 씨는 딱히 남편을 도울 방법이 없어서 미안하다.

　아이들도 걱정이다. 요즘엔 혼인을 늦게 한다고 하지만 아들, 딸이 서른이 다 되어 가는데 결혼할 생각이 없는 것 같아 신경이 쓰인다. '막상 혼인시키려면 비용도 만만치 않을 것이고,

하나라도 남편이 직장에 다닐 때 결혼하면 좋을 텐데…….' 이 런저런 생각을 하면 머리가 무겁다가도 '늙어서 애들에게 부 양 받을 것도 아니고, 때 되서 좋은 짝 만나 결혼하겠다고 하 면 형편껏 도와주면 되지. 내가 왜 애인도 없는 애들 혼인 걱 정까지 하고 있을까?' 싶기도 하다.

'58년 개띠'인 순영 씨는 TV나 신문기사를 보면 자주 울컥 한다. 간혹 은퇴 후에 자원봉사를 하면서 보람을 찾거나 제2 의 인생을 개척하여 성공적인 중년기를 보내는 사람이 소개되 기도 하지만 베이비부머 세대의 문제, 어려움 등에 관한 이야 기가 대부분이기 때문이다. 베이비부머 세대가 노년이 되면 고 령자 취업, 국민연금 수령자 급증, 노인인구 증가 등이 사회의 부담이 될 것이라고 하면서 '1958년, 개띠로 태어난 100만 명 이 정년퇴직하는 지금부터가 문제'라고도 한다. 이런 말을 들 으면, '58년 개띠로 태어난 게 무슨 죄인가? 전후에 태어나 제대로 먹지도 못하고 살면서 평생 근면하게 일해 우리나라를 이만큼 발전시킨 사람이 누군대. 주부인 나도 남편과 시댁 뒷바라지하고 애들 살뜰하게 키우느라 허리띠 졸라매고 얼마나 고생했는데……. 왜 자꾸 58년 개띠가 문제라는 거야?'라는 생각에 섭섭하고 화가 난다. 한편으론 앞날을 생각하니 걱정도 되고 남편이나 아이들에게 힘이 되어주지 못하는 것 같아 미안하고 답답하다.

하지만 요즘 순영 씨는 한숨 쉬며 걱정하기보다 즐거운 마음으로 하루하루 열심히 지내려고 노력한다. 지난 가을, 자원봉사를 하고 있는 복지관에서 봉사자 교육을 받았다. 그때 강사선생님께서 해주신 칭찬을 생각하며 힘을 낸다. "베이비부머 세대로 태어나서 지금까지 열심히 살아주신 여러분, 고생하셨습니다! 사람들이 '58년 개띠'를 무슨 동네 똥강아지 부르듯 불러대며 문제라고 하는데, 여러분은 어려운 시절에 최선을 다해 살아오셨고 지금의 대한민국을 만든 주춧돌입니다. 여러

분은 윗세대에게 칭찬을 받고, 아랫세대에게는 존경을 받아야 하는 분들입니다. 앞으로도 당당하고 자신 있게 삽시다!"하며 90도로 정중하게 인사를 하였다.

"자, 옆 사람을 둘러보세요. 열심히 잘 살아온 분들이 보이시죠? 서로에게 힘찬 격려의 박수를 보내주세요. 그리고 옆 사람에게 칭찬 3가지씩 해주세요."옆 사람과 짝이 되어 서로 박수를 쳐주며 격려할 때 가슴에서 뜨거운 감동이 일었다. 작은 칭찬 한 마디에 눈물이 핑 돌았다. 우리 세대에게 잘 살았다고 인정해주는 사람은 별로 없었는데 격려와 칭찬을 받으니 순영 씨는 힘이 나면서 우울한 마음이 사라졌다.

복지관 자원봉사자들인 우리 모임을 둘러보니 대부분이 내 또래다. '그래! 우리가 어때서. 이만큼 열심히 살았고 지금도 궂은 일 마다하지 않고 사회를 위해 솔선수범하여 봉사도 하는 사람들인데……. 지금처럼만 살면 돼. 걱정 없어!' 그리고 선생님께선 아침마다 거울을 보며 자신에게 큰 소리로 '칭찬

세 번 하기'를 과제로 내주셨다. 순영 씨는 오늘 아침에도 힘
찬 소리로 김순영을 칭찬한다.

"멋지다! 잘 살았다! 나와 가족과 사회를 위해 최선을 다해
열심히 살아줘서 고맙다!" 김순기

TIP 나를 사랑하며 당당하게 열정적으로 살기 위한 아이디어

- 나의 장점 10가지 찾기

자신의 어린 시절부터 지금까지의 삶을 돌아보고 자신의 장점을 찾아보자! 그리고 자신의 장점을 큰소리로 칭찬하자. 장점을 찾을 때, '나는 착한 사람이다.'처럼 추상적인 것보다 '나는 이웃을 위해 틈틈이 봉사한다.'와 같이 구체적으로 표현하고 칭찬한다.

- 나를 위한 시간 갖기

'나'에 집중해 보자! 오직 나만을 위한 시간을 갖자. '내가 좋아하는 것', '내가 하고 싶은 일'을 즐기자.

- 나에게 상 주기

나의 노고를 칭찬하고 상을 주자! 나를 위해 차린 맛있는 밥상, 나를 위한 여행, 나를 위한 선물 등.

예) 밥상 – 수고했어요. 내가 좋아하는 맛있는 밥상을 올립니다!
　　여행 – 열정적으로 산 나에게 휴식을 드립니다. 여행을 떠나요!

- 나도 '스트레스 받을 수 있는 사람'임을 가족에게 선언하기

가족을 위해 희생하며 살아온 나! 가족에게 나도 스트레스 받을 수 있는 사람임을 선언하고, 나도 양보와 배려를 받아야 하는 사람임을 인정받자!

예) 스트레스를 참고 쌓아두지 말고 솔직하게 말하고 날려버리기
　　주부 안식년, 주부 퇴근시간 정해 놓기, 때로는 빈둥거리며 쉬기 등

꿈과 희망을 찾아
배움의 길로!

🌿 얼마 전 종영한 드라마에 중년 남성의 꿈 찾기 과정이 그려졌다. 회사 간부였던 한 남성이 어느 날 사표를 던지고 젊은 시절의 꿈이었던 연기자가 되기 위해 오디션을 보았다. 그 후 작은 역할이지만 홈쇼핑에 출연하는 연기자가 되었다. 이 과정에서 아내는 심하게 반대를 하고 가족간에 갈등이 생기기도 했지만, 결국 아내는 남편의 꿈을 이해하고 인정해 주었다. 이 사례는 중년기의 '자아 찾기'의 모습을 보여주고 있다.

정신분석가인 융(Jung)은 중년이 되면 개별화 과정을 겪게 된다고 하였다. 개별화 과정이란 중년의 나이에 자신의 내면의 소리에 귀를 기울이고 진정으로 자신이 원하는 것, 자신의 꿈을 찾아보고자 하는 것이다. 이런 과정에서 새로운 일을 시작하기도 하고, 자신의 젊은 시절의 꿈을 찾아 새로운 도전을 하기도 한다. 위 사례는 중년기의 개별화 과정에 해당된다.

보다 풍요롭고 가치 있는 중년과 노후를 위해서는 자신이 꿈꾸었던 다른 세계를 위해 노력해 보는 것이 바람직하다. 가정생활에 몰입하여 살아온 여성이라면 가정이 아닌 다른 곳에서 자신의 제2의 세계를 만들어 보자. 어릴 적 꿈이 될 수도 있고 취미, 종교의 영역이 될 수도 있을 것이다. 남성의 경우는 어릴 적 꿈이나 취미, 그리고 종교생활이나 그외에 직장생활로 소홀했던 가정생활에도 관심을 가져본다.

10년 동안 한 분야에 시간과 노력을 투자하면 그 분야에 전문가가 될 수 있을 것이다. 한 가지 일에 집중하면서 느끼는 몰입감과 성취감은 삶에 활기를 줄 수 있다. 삶에서 그런 소중한 경험을 맛보기 위해 전문가가 되도록 노력해보자. 그 과정의 일환으로 방송통신대학이나 평생교육원 등에서 한 분야를 선택하여 새로운 배움에 도전해보는 것도 좋다. 그 속에는 보물 같은 행복이 있을지도 모른다.

이런 배움의 기회를 갖기 위해서는 먼저 자기 자신을 돌보려는 마음가짐이 필요하다. 그동안 자녀와 배우자, 직장을 위해서 살아왔다면 이제부터는 가족들의 눈치를 보지 말고, 경제적인 부분도 개의치 말고 한번쯤은 과감하게 자신을 위한 투자를 해보자. 자기 자신을 배려하면서 내면의 꿈을 찾아보고, 그런 후에 자신의 배움을 다른 사람에게 나누어주면 더욱 좋다. 지금부터라도 악기를 배우거나 서예, 동화 구연, 새로운 언어를 배워서 자신의 성취감도 느끼고, 더불어 그것이 필요한 곳에 가서 나누는 행복도 느껴보자. 황정해

중년의
버킷리스트

한 노인이 갑자기 찾아온 병으로 병원에 입원하였다. 그리고 대학 시절에 철학 교수가 과제를 내주었던 죽기 전에 꼭 하고 싶은 일, 보고 싶은 것들을 적는 '버킷리스트'를 떠올린다. 하지만 46년이 지나 모든 꿈을 접고 자동차 정비사가 되어 있는 그에게 '버킷리스트'는 이제 가끔씩 떠올리는 잃어버린 꿈일 뿐이다.

같은 병실에 입원한 다른 한 노인은 돈이 안 되는 '리스트' 따위에는 관심이 없는 재벌 사업가다. 그는 인수합병이나 고급 커피를 맛보는 것 외에 자신이 원하는 게 무엇인지 생각할

겨를이 없다. 그러던 어느 날 두 사람은 자신들이 곧 죽게 된다는 것을 알게 되면서 함께 '버킷리스트'를 작성하고 하나하나 실행에 옮기기 시작한다.

위의 이야기는 영화 〈버킷리스트〉의 줄거리다. 요즘 버킷리스트라는 말을 주변에서 많이 듣게 된다. 이는 죽기 전 꼭 해야 할 일이나 하고 싶은 일을 열거한 목록을 뜻하는데, 최근에는 '꼭 이루고 싶은 자신과의 약속'이라는 넓은 의미로 쓰인다. 내가 간절히 원하는 것을 쓰다 보면 자신에 대해서 새롭게 알게 되고, 가장 소중하게 생각하는 가치가 무엇인지도 깨닫게 된다. 즉, 인생의 목표를 정확하게 알게 되어 남은 삶을 유용하게 보내게 되고 후회 없는 삶을 살게 된다.

중년기는 제2의 사춘기 혹은 사추기라고 부른다. 한번뿐인 인생을 성찰하고 새로운 무언가를 고민하며 자신을 돌아보는 시기이기도 하다. 따라서, 위의 영화처럼 갑작스러운 병이나

죽음을 목전에 두고 버킷리스트를 작성하기보다는 중년기에 이를 작성하고 실천한다면 삶의 의미를 새롭게 부여할 수 있고 좀 더 적극적으로 남은 인생을 살게 될 것이다.

탐험가 존 고다드(John Goddard)는 "꿈은 머리로 생각하는 게 아니라 가슴으로 느끼고 손으로 적고 발로 실천하는 것이다."라고 하였다.

지금 바로 버킷리스트를 작성해 보자. 인생에서 내가 꼭 이루고 싶은 자신과의 약속, 나의 버킷리스트는 무엇이 있을까? 살면서 꼭 한번은 해보고 싶었던 것, 꼭 가보고 싶은 곳, 꼭 갖고 싶은 것 등 사소한 것이어도 좋다. 나에게는 의미 있는 버킷리스트이니까.

부부가 버킷리스트를 쓰고 바꾸어 읽어보는 것도 좋다. 서로 바꾸어 읽다보면 자신의 버킷리스트에 좀 더 책임감을 가지고 이루려고 노력을 할 것이다. 또한 배우자가 무엇을 좋아하는지, 무엇을 하고 싶은지 등을 알 수 있게 되어 서로를 알아가고 이해하는 데 도움도 될 것이다.

아름답고 풍요로운 노후를 위하여 지금 당장 자신에게 맞는 버킷리스트를 기록하고 실천해보자.

TIP 버킷리스트 작성요령

- 자신이 진심으로 하고 싶은 것을 적는다.
- 목표를 달성하기 위해 필요한 것들을 생각해본다.
- 실천하기 위해 노력한다.

버킷리스트 예시

나의 버킷리스트

1. 혼자 배낭여행 가기
- 올 1년 안에 한 달에 30만 원 여행 적금 들기

2. 맛집 찾아가기
- 좋아하는 사람과 함께

3. 혼자만의 시간 갖기
- 가족에게서 벗어나서
  나만의 시간을 가져보기(일주일 이상)
  지금까지 30년 가까이 가족에게 찌들었던
  삶에서 벗어나기 위해

4. 자전거 배우기

5. 나에게 선물 주기

당신의 어머니가
치매에 걸리셨다면?

🍃

"고마워요! 누구신데 이렇게 찾아와주고……. 곱기도 해라."
"엄마, 저예요. 예쁜 막내딸."

숙희 씨는 헐렁한 환자복을 입고 계신 엄마가 낯설지만, 건강하고 편안해보여서 무겁던 마음을 내려놓고 엄마 손을 잡는다. 엄마는 따뜻한 손으로 숙희 씨의 손을 쓰다듬으며 연신 '고운 사람'이라고 하신다. 엄마에게 숙희 씨는 여전히 고운 사람인가 보다.

젊은 시절, 배우 김지미보다 예뻐서 아버지가 한눈에 반하셨던 우리 엄마, 알뜰한 살림꾼 우리 엄마, 맛있는 음식도 예쁜 옷도 뚝딱 만들어 주시던 재주꾼 우리 엄마! 그랬던 엄마가 치매에 걸렸다.

16년 전, 처음 엄마의 병을 알고 가족들은 모두 놀랐다. 평소 부지런하고 건강하시던 엄마가 치매라니……. 아버지께선 "엄마는 내가 간병할 테니, 너희는 아무 걱정 말고 살아라."라고 말씀하시고 그동안 엄마에게 받은 사랑을 다 갚으시려는 듯 정성껏 엄마를 보살피시면서 연애를 시작한 연인처럼 다정하게 지내셨다. 엄마는 기억력이 서서히 나빠지고 외출하거나 움직이는 걸 귀찮아하셨지만 아버지의 정성 덕분인지 병세가 많이 악화되진 않고 잘 견디셨다. 그런데 12년이 넘도록 엄마를 간호하시던 아버지마저 돌아가셨다. 이제 엄마는 누가 돌봐야 할까?

오빠나 언니가 엄마를 모실 수 있는 형편이 아니어서 숙희 씨는 남편과 아이들이랑 의논하여 엄마를 집으로 모셨다. 엄마는 숙희 씨 집으로 오신 후 부쩍 말수가 줄었다. 처음엔 걱정이 되어 엄마께 애교도 부리고 말도 많이 했다. 어린 시절에는 형제들 틈에서 맘껏 차지하지 못했던 엄마를 온전히 혼자 차지한 것 같아 오히려 좋기도 했다. 그러나 몇 달 동안의 간병 생활에 숙희 씨는 지쳐갔다. 심한 증상을 보이진 않았지만 엄마를 혼자 집에 계시게 할 순 없었다. 매끼를 챙겨 드려야 하니 모임에도 못 나가고 외출이 어려워지면서 고립된 섬에 엄마와 단둘이 있는 것 같았다. 남편과 아이들은 자기 일이 아니라고 생각하는 것 같고, 숙희 씨도 엄마 간병 때문에 가족들에게 소홀한 것 같아 눈치가 보였다.

이렇게 점점 지쳐가던 숙희 씨에게 남편이 한 가지 제안을 했다. 치매도 전문적인 치료를 받는 것이 좋으니 괜찮은 노인전문병원을 알아보고 어머니를 모시자고 했다. 말로 표현할 수 없는 감정이 밀려왔다. 어머니를 시설에 맡긴다는 죄책감과 지금의 고통에서 벗어날 수 있다는 홀가분함, 그리고 비용은 얼마나 들지 걱정도 되었다. 언니, 오빠가 보태고 생활비를 절약해서 충당하면 되고, '사위도 자식인데 장모님 부양하는 건 당연한 도리지.'라고 생각하면서도 한편으론 남편에게 미안한 마음이 들었다. 복잡한 마음으로 몇 군데의 요양원과 병원을 둘러본 후, 그 중 시설이 깨끗하고 직원들이 친절한 곳에 엄마를 모셨다.

이제 숙희 씨는 주말에 엄마를 만나러 간다. 갈 때는 반가운 맘으로, 돌아오는 길에는 죄송한 마음으로……. 그리고 생각해본다.

'우리의 선택은 과연 최선이었을까?'

치매를 '가족병'이라고 한다. 부양가족에게 신체적, 정신적, 경제적, 시간적으로 많은 것을 요구하기 때문이다. 아버지나 어머니가 치매에 걸리셔서 이상한 행동을 하시고 혼자서는 아무 것도 못하는 아이처럼 변해가는 모습에 자녀들은 막막해진다. 초기에는 통원치료도 가능하지만 증상이 심해지면 환자를 돌보기 위해 하루 24시간을 모두 써도 모자랄 지경이 된다. 치매부모를 부양하는 자녀들은 부모보다 먼저 지쳐간다. 그래서 치매부모와 가족 모두가 만족할 수 있는 최선의 방법을 찾아야 한다.

치매에 걸린 부모를 누가, 어디서, 어떻게 부양할 것인가? 한 사람이 혼자 지고 가기엔 너무 무거운 짐이다. 그렇다면 십시일반(十匙一飯)으로 자녀들이 함께 그 짐을 나누어야 하지 않을까? 경제적 여유가 있어서 돈을 많이 낼 수 있는 자녀는 경제적으로 돕고, 정성을 다해 부모님을 잘 모실 수 있는 자녀는 몸과 마음으로 부양하고, 여러 가지 정보와 지원정책을 잘 아는 자녀는 유용한 정보를 제공하자. 분담하는 것이 많고 적음을 따지기보다는 각자 잘 할 수 있는 역할을 함으로써 제 몫을 하는 것이 중요하다.

노부모와 자녀 모두 가족이 부양하는 것을 원하고, 부양이

가능한 형편이면 가족이 부양하는 것이 좋다. 상황에 따라 부모님이 전문적인 치료와 보살핌을 받으며 지내실 수 있도록 요양병원을 활용하는 것도 현명한 선택이다.

부모 부양이 자녀에게 올가미가 되고, '자식의 도리', '효도'라는 명분이 자녀들을 짓누르는 것을 원하는 부모는 없을 것이다. 자, 그렇다면 우리 가족에게 알맞는 최선의 선택은 무엇일까? 함께 고민해보자!

부모님의 치매가 의심된다면 어떻게 해야 할까?

- 정답은!

빨리 병원에 가서 진단을 받고 적절한 치료를 받아야 한다.

우리나라는 '치매관리법'이 시행되고 있다. 이 법의 무료치매검진사업을 통해 60세 이상이면 누구나 전국 보건소에서 치매 검사를 받아볼 수 있고, 치매 진단을 받고 보건소에 등록한 환자는 꾸준히 약을 복용하면서 치료관리 받을 수 있도록 지원하고 있다.

특히 2012년부터 '치매관리법'에 의해 저소득 치매환자에게 치료비 중 본인부담금의 일부를 지원하고 있다.(2014년 기준, 매월 3만 원(연간 36만 원) 상한의 치매치료관리비 지원)

* 알아봅시다!

　보건복지부 - 치매정보 365 (http://www.edementia.or.kr)

　서울시 치매통합관리시스템 (http://www.seouldementia.or.kr)

　중앙치매센터 콜센터(1899-9988)

행복하게 눈감고,
보내는 이들도 죄책감이 없으려면

친하게 지내던 선배가 암 판정을 받은 지 3년 만에 53세로 세상을 떠났다. 몇 년 동안 투병생활을 해서 죽음을 어느 정도 예상했는데도 나와 비슷한 또래의 죽음이었기 때문인지 많이 놀라고 마음을 추스르기가 매우 힘들었다. 본인이나 가족들도 마음의 준비를 하고 있는 노년기의 죽음과 달리, 중년기의 예상치 못한 죽음은 남은 가족들에게 많은 아픔과 죄책감을 남긴다. 선배는 부모님께 자식이 먼저 가는 불효를 저질렀고, 남편에게 갑작스럽게 홀로서기의 숙제를 안겨줬으며, 미혼인 두 딸에게는 엄마의 텅

빈 자리를 남겨주었다.

　선배는 아버지가 사업을 하는 친정에서는 든든한 맏딸로 대소사를 챙겼으며, 시댁에서는 막내며느리로 궂은일을 도맡아 했다. 가족 내에 문제가 생기면 본인이 거의 혼자 책임지고 해결하려 무던히도 애를 썼다. 늘 가족이 가장 먼저인 생활을 했기 때문에 자신이 하고 싶은 것은 항상 뒷전이어서 '자기 자신'은 거의 없는 삶을 살았다. 그래서 딸들은 엄마가 '자신'의 기쁨과 행복을 위해서는 거의 한 것이 없고, 자신을 너무 방치했던 것 때문에 엄마가 떠난 후에 무척 마음 아파했다.

　선배의 남편은 지금껏 선배가 하나에서부터 열까지를 다 해주었기 때문에 집안일을 한다는 걸 상상하기도 힘든 상황이다. "웬 바람이 불었는지 어제 우리 남편이 설거지를 해주었어. 살다 보니 별일이 다 있네."라며 결혼생활 25년 동안 남편이 한 설거지 횟수가 손가락 안에 꼽을 정도라고 했던 선배의 말을 생각하면 홀로 남은 선배 남편이 지금 잘 적응하고 있는

지 걱정이 된다. 또한 아내에 대한 죄책감을 많이 덜어냈는지도 염려가 된다. 선배의 발병 사실을 알았을 때 선배 남편은 아내의 병이 자신 때문이라고 책망하면서 무척 힘들어 했다. 직장을 그만 두고 3년 동안 아내를 간호하며 평생 이기적으로 살면서 속마음을 제대로 전한 적 없이 아내에게 무심했던 자기 자신을 많이 탓했고, 그로 인해 죄인처럼 지냈다. 따라서 중년기가 되면 배우자가 항상 내 곁에서 지금처럼 보살펴줄 거라는 착각에서 벗어나야 한다.

심리학자인 굴드(Goolde)는 중년기가 되면 '현재의 안정은 영원히 지속될 거야.', '죽음은 내 가까운 사람에게선 일어나지 않을 거야.', '보호자 없이 살아간다는 건 불가능한 일이야.', '현재의 가족을 떠난 내 생활은 있을 수 없어.'라는 가정에서 벗어나야 한다고 했다. 즉, 중년기에는 배우자가 먼저 사망할 수도 있어서 보호자 없이 살아가야 하는 상황에 처할 수도 있으므로 지금 누리고 있는 안정이 보장될 수 없음을 깨달아야 한다. 그만큼 상황에 대한 융통성이 요구되고 적응력이 필요한 시기가 바로 중년기다.

따라서 내가 먼저 갔을 때 배우자도, 자식들도 하늘이 무너지는 절망감에 빠지지 않고 현명하게 대처하고 적응할 수 있도록 미리 배우자로서, 부모로서 준비를 해야 한다. 그리고 그 준비는 부부, 자녀, 즉 가족 모두가 함께 해야 한다. 자녀들에게 가족 내에서 그들이 할 수 있는 일은 확실하게 분담하고 책임을 져야 한다. 이 과정을 통해 자녀들은 자립심을 키우고 부모에 대한 이해의 폭을 넓힐 수 있을 뿐만 아니라 미래 자신들의 결혼생활도 실제적으로 준비할 수 있다.

한날한시에 부부가 함께 눈감을 수는 없다. 따라서 배우자가 먼저 가는 상황에 대한 준비를 미리미리 해야 한다. 홀로 남은 배우자가 적응을 잘 하기 위해서, 그리고 가는 사람이 맘 편히 눈을 감기 위해서는 일찌감치 부부가 많은 역할을 공유해야 한다. 선배가 남편과 역할을 조금이라도 더 공유했다면 남편이 아내에 대한 죄책감에 힘들어하지 않았을 테고, 선배도 남편을 걱정하면서 눈을 감지 않았을 것이다.

중년의 남편들은 몇 가지 반찬 정도는 만들 줄 알아야 하고 세탁기도 돌릴 줄 알아야 하며, 중년의 아내들도 전구를 교체할 수 있어야 하고 화초의 분갈이도 할 줄 알아야 한다. 아내 역할, 남편 역할이라고 선을 긋지 말고 융통성을 발휘하여 상황에 따라 적절하게 역할을 수행할 수 있어야 한다. 그래야 상대방이 먼저 가더라도 누군가에게 의존하지 않고 당당하고 멋지게 생활할 수 있다.

또한 가족을 떠나보낸 후에 속마음을 제대로 전하지 못했던 것 때문에 미안해하지 않게 서로 자주 '사랑해요, 고마워요, 미안해요'라는 말을 나누자. 이렇게 가족들간에 서로 사랑을 듬뿍 주고받으면 먼저 가는 사람도 짧은 생이지만 미소를 지으며 죽음을 맞을 수 있을 것이다.

먼저 가는 사람도 덜 서럽고 행복하게 눈 감고, 보내는 가족들도 안타까워하지 않고 죄책감 없이 마음 편히 보내려면 가족과 자신 간의 균형 잡힌 생활, 즉 '가족'에만 올인하는 삶이 아니라 '자기 자신'도 느끼고 돌보는 삶을 살아야 한다. 이 세상에서 가장 소중한 사람은 바로 '나 자신'이다.

지금부터 내가 즐겁고 행복할 수 있는 그 무언가를 찾아보고 적극적으로 실천하자. 그것이 나 자신이 행복하고 우리 가족 모두가 행복할 수 있는 지름길이다. 왜냐하면 나 자신이 행복해야 타인과의 관계도 행복하게 유지할 수 있으니까. 솔말희

착한

유산이란?

🍃 윤기 씨는 어머니 장례를 치르고 조용히 여동생을 불러 유산에 관하여 의논하였다.

"많이 힘들지? 아직 엄마가 돌아가신 게 실감도 안 나고 맘도 무겁지만 우리가 먼저 엄마의 유산과 뒷정리를 의논한 후에 오빠와 이야기하는 것이 좋을 것 같아. 엄마가 남기신 것, 다 정리하면 집이랑 저축하신 것 조금 있을 거야. 엄마 유산이니까 법대로 나누는 게 원칙이고 필요한 곳에 기부하면 더 좋겠지만 그리 많은 것도 아니고 또 여태껏 오빠가 엄마 모시느라 고생했는데, 아무래도 오빠에게 주는 게 좋을 것 같아

서 내 몫은 오빠에게 주려고 해. 잘 생각해보고 다시 이야기하자. 아무튼 친정엄마 유산이지만 제부하고도 꼭 상의해보고……."

얼마 후 동생은 "언니, 나도 오빠에게 몰아주기 찬성!" 하며 흔쾌히 동의해주었다.

장지에 다녀온 후 윤기 씨 부부, 오빠 부부, 동생 부부는 조용히 둘러앉아 어머니를 회고하고 유품을 정리하면서 유산에 관한 이야기를 나누었다. 윤기 씨 부부와 여동생 부부는 오빠가 어머니를 모시고 살았으니까 집과 유산은 오빠 몫이라고 의견을 모았다. 오빠는 "부모님께서 평생을 아들, 딸을 평등하게 대하셨고 형제간에 의좋게 지내고 콩 한 쪽도 나눠 먹으라고 하셨는데 어떻게 동생들 몫의 유산까지 혼자 받을 수 있겠냐, 유산은 똑같이 나누어야 해."라며 펄쩍 뛰었다. 윤기 씨는 "오빠, 그동안 아빠 돌아가시고 10년 넘게 오빠랑 새언니가 엄마를 모셨잖아요. 엄마를 잘 보살펴 드린 고마움을 갚으려면 나는 오빠랑 새언니에게 유산뿐만 아니라 매일 절을 해도 모자라요. 그러니 오빠가 받는 게 당연해요." 하며 오빠를 설득했다. 여동생도 "오빠, 오빠 맘 다 아는데 그냥 받아주세요. 사람들이 부모님 돌아가시면 친정이 없어지는 거라고 하던데, 저는 이제 오빠랑 새언니가 있는 오빠네를 친정이라고 생각할게요. 친정이 든든해야 제 맘이 편하죠."

다수결 원칙에 따라야 한다며 오빠를 설득하여 유산은 오빠가 처분하는 것으로 정했다. 얼마 후에 오빠한테 연락이 왔다. 장례 치르고 남은 돈과 유산 중 일부는 앞으로 제사와 차례를 지내는 비용과 집안 경조사에 쓸 몫으로 남겨 두었고, 조카들과 아이들에게 주려고 '할머니 장학금' 통장도 하나씩 만들었으며, 엄마가 생전에 열심히 봉사활동하시던 복지단체에 기부도 했다고 한다.

'못 말리는 우리 오빠! 그래도 우리 엄마, 이제 하늘나라에서 맘 편해 지내실 것 같아.'

'부모님께서 나에게 물려주신 유산은 무엇일까?' 그리고 '나는 자녀들에게 어떤 유산을 물려줄 것인가?'

윤기 씨 남매는 어머니의 유산을 잘 나누고 사용한 걸까?

'솔직히 적은 돈이면 양보할 수도 있겠지만, 그래도 자기 몫은 받아야지. 다 똑같은 자식이고 요즘 세상 살기가 얼마나 힘든데.' 라는 생각을 하는 사람도 많다. 돈이야 많을수록 좋고, 특히 유산처럼 공짜로 생기는 것이라면 이왕이면 많이 받으면 더 좋을 것이다.

그래서일까? 이미 엄청난 재산을 가진 재벌가의 자녀들도 유산 때문에 형제간에 소송을 하기도 하고 주변에서 큰 부자가 아니어도 유산 분배 문제로 형제간에 다툼이 생겨서 가족 간에 단절이 생기는 경우도 종종 본다. 요즘엔 유산을 상속하면 상속세도 내야 하고 자녀들 간에 다툼이 생길 것을 염려하여, 현명한 부모는 유산을 남기기보다는 생전에 자녀들에게 생활비를 보태고 손주 학원비도 내주면서 증여 아닌 증여를 한

다는 씁쓸한 유산 상속의 지혜가 공공연히 떠돌고 있다.

유산(遺産)의 사전적 정의는 선조(先祖)가 남긴 가치 있는 물질적, 정신적 전통 또는 죽은 사람이 남기고 간 재물이다.

어떤 부모들은 자녀들에게 유산을 남기기보다는 '자식들 공부시키고 이 정도 키웠으니까 제 앞가림은 할 것이고, 내가 힘들 때 이웃의 도움을 받았으니 이제 내가 기부를 하면서 살면 그 은혜도 갚고 자식들도 보고 배우겠지.' 하는 마음으로 사회에 재산을 기부하거나 환원하기도 한다. 또한 재능기부를 하거나 자녀들과 함께 자원봉사를 하며 자녀들에게 봉사정신을 유산으로 물려주려고 노력하는 부모들도 있다.

개인적인 유산뿐만 아니라 선조에게 물려받았고 앞으로 후손에게 물려주어야 하는 우리의 자연이 더 건강해지도록 애쓰는 사람들과 문화유산을 보호하기 위해 노력하는 사람들도 있다. 그리고 자녀들이 사회정의를 지키고 자신의 일을 성실하게 하는 사람, 가족과 함께 지내는 시간을 소중하게 여기고 사랑을 나누는 사람, 따뜻한 마음과 배려로 좋은 인간관계를 맺으며 사는 사람으로 성장할 수 있도록 자신이 먼저 실천하며 모범을 보이는 부모도 있다.

자녀에게 어떤 유산을 물려줄 것인가? 그 판단은 30년 후에 우리 자녀들, 60년 후에 손자들의 추억 속에 우리가 어떻게 남는가에 달려 있다.

착한 유산과 기부의 예

- **재산 기부를 실천하여, 자녀에게 모범이 되고 사회의 기부문화 정립에 앞장서기**

예) 유한양행 창립자인 고 유일한 회장과 딸 유재라 여사는 2대에 걸쳐 기부와 공익사업 후원의 모범을 보여 많은 사람의 귀감이 되고 있다.

- **기부의 생활화**

예) 아기 출생 시 아기 이름으로 기부를 시작하거나 돌잔치 비용 등을 절약하여 기부를 함으로써 평생 기부의 생활화를 실천한다.

- **착한 유산 물려주기**

예) 돈 등의 물질적인 유산보다 자부심과 봉사정신 등의 건강한 정신적·문화적 유산을 물려줄 수 있도록 이를 실천함으로써 모범을 보인다.

4부

베이비부머의
노년 준비 프로젝트 1
여가와 건강

즐기는 노후, 당신과 나 따로 또 같이
풀타임 레저, 잘 활용하기
어디서 어떻게 살 것인가?
노년기, 건강하게 누리려면
이자율이 가장 높은 건강저축

즐기는 노후,
당신과 나 따로 또 같이

🌿 오늘은 장순철 씨 아내의 무용발표회가 있는 날이다. 한 달 동안 노인복지관의 고전무용반 동료들과 함께 열심히 연습한 결과를 발표하는 중요한 자리다. 그런 만큼 그의 아내는 아침부터 들떠서 부산하게 준비하고 있다. 순철 씨도 이런 아내를 위해 이것저것 챙겨주느라 정신이 없다. 아내는 꽃다발을 잘 챙겨서 발표회 시간에 늦지 않게 오라는 당부를 남기고 먼저 복지관으로 출발했다. 순철 씨는 집안을 정리하고 아내가 좋아하는 색상의 양복을 챙겨 입은 후, 어제저녁 준비해 둔 꽃다발을 들고 아내의 무용발표회

를 보러 간다. 70대 후반의 장순철 씨 부부는 요즘 생활이 즐겁다.

　남편이 은퇴하고 집안에 머무르는 시간이 많아지면서 집안일이나 아내의 생활에 이런저런 간섭을 하게 되고, 이로 인해 부부간에 다툼과 갈등이 생기곤 한다. 이러한 갈등을 어떻게 풀어나가는가에 따라 친밀한 부부관계로 발전할 수도 있고, 황혼이혼으로 이어질 수도 있다.

　장순철 씨 부부도 이러한 갈등의 시간이 있었다. 장순철 씨는 은퇴하면서 갑자기 늘어난 시간을 어떻게 보내야 할지 몰라 아내에게 짜증을 내고, 자신과 시간을 많이 보내주지 않는 자녀들에게 서운해하기도 했다. 반면에 활동하기를 좋아하는 아내는 외출을 마음대로 할 수 없어 답답해하고, 점점 늘어가는 남편의 간섭이 불만스러워 한동안 남편과 말을 안 하기도 했다. 그러던 어느 날 순철 씨의 아내가 복지관에서 하는 부부 댄스교실에 함께 나갈 것을 제안했다. 다행히 순철 씨도 이를 받아들이면서 부부가 함께 즐기고 공유할 수 있는 시간이 늘었다. 이를 계기로 순철 씨도 자신이 좋아하는 여러 가지 활동을 찾아 참여하게 되었다. 공통의 관심사가 생기면서 부부간에 대화가 자연스럽게 늘어났고, 서로를 더 많이 이해하게 되었으며, 자신의 취미활동과 즐거움이 중요한 만큼 배우자의 활동과 즐거움도 중요하다는 사실을 깨닫게 되었다. 이제 장순철 씨와 그의 아내는 각자의 활동에 방해가 되지 않도록 집안일도 함께 나누어 한다. 이렇게 두 사람에게 맞는 생활 규칙을 만들고부터 부부는 노후생활을 본격적으로 즐기기 시작했으며, 두 사람 모두 현재의 생활에 무척 만족하고 있다.

자녀수 감소와 평균수명의 증가로 인하여 자녀가 떠나고 부부만 남아 있는 시기가 길어지면서 은퇴 이후 부부관계의 질이 중요해졌다. 다시 돌아온 부부만의 시기는 신혼기와는 사뭇 다르다. 부부 둘만 있으면 무엇을 해야 할지, 무슨 이야기를 나누어야 할지 몰라 어색해한다. 그저 나란히 앉아서 TV

만 뚫어지게 쳐다보거나 각자의 일에만 집중하는 모습을 노년기의 부부들에게서 자주 볼 수 있다.

그렇다면 어색한 부부 둘만의 시간을 어떻게 보내야 할까? 부부가 같이 있는 시간이 많으면 서로를 더 많이 이해할 수 있을 것 같지만 사실 그렇지 않다. 함께 있다고 해서 부부관계가 좋아지는 것도 아니다. 어떻게 공유하는가가 중요하다. 온종일 함께 있으면서도 각자의 일에만 몰두하면 오히려 외로움을 느낄 것이며, 서로의 생활에 지나치게 간섭하면 갈등만 생기게 될 것이다. 장순철 씨 부부처럼 취미와 관심사를 살려 각자 자신의 활동에 집중하면서 부부가 함께 활동을 공유하기도 하는 '따로 또 같이 하는 여가생활'을 권한다.

하지만 부부가 함께 할 활동을 갑자기 찾기란 그리 쉬운 일이 아니다. 젊은 시절부터 자녀 중심의 대화와 활동에 익숙해진 부부는 서로의 욕구에 초점을 맞추기가 어렵고 어색하여 몇 번 시도해 보다가 포기해버릴 가능성이 높다. 따라서 은퇴와 자녀 출가로 부부만 남은 후에 이러한 노력을 시작하기보다는 조금 일찍 준비하는 것이 더 좋다.

신혼기부터 계속 해 온 부부 공동의 여가 활동이 있으면 좋겠지만, 그렇지 않다면 지금이라도 찾아보자. 자녀에 대한 이야기와 자녀를 위한 활동에만 시간을 쓰지 말고, 부부 자신에 대해서 이야기하고 관심사를 공유하는 시간을 갖는다. 문화 예술, 스포츠, 종교, 사회, 정치, 봉사활동 등 무엇이든지 좋다. 살면서 꼭 해보고 싶은 것들을 기록하고, 부부가 이야기를 나누면서 당장 시작할 수 있는 것부터 계획을 짜본다. '애들 다 결혼시키고 나서 해야지.'라면서 뒤로 미루지 말고, 지금부터 시작하자. 지금 부부가 함께 계획하고 실천에 옮기는 활동들이 노년기에 행복한 부부관계의 밑거름이 될 것이다. 최희진

TIP 노후에 부부가 즐겁게 생활하기를 원한다면

- 늦어도 중년기부터는 부부가 함께하는 여가활동을 한 가지 이상 시작하자. 부부가 가끔씩이라도 지속적으로 함께 하는 활동이 있어야 노년기에도 계속 함께할 수 있다.
- 중·노년기 여가 프로그램은 다양하게 마련되어 있다. 집 주변의 복지관이나 여러 단체에서 실시하는 여가 프로그램을 알아보고, 나와 배우자가 할 수 있는 것을 찾아보자.
- 함께하는 시간뿐만 아니라 배우자 각자의 여가활동과 시간도 소중함을 이해하고 존중해주자.

풀타임 레저,
잘 활용하기

🍃 "새벽에 눈떠 날 밝을 때까지 딱히 할 일이 없어 식구들 깰까 봐 소리 안 나게 마늘을 까고 조용조용 나물도 다듬고. 그러다가 날 밝으면 아침 챙겨 먹고 텔레비전 좀 보다가 백화점 한 바퀴 휘 도는데, 왜 이렇게 하루가 더디 가냐?"

며칠 전 오랜만에 만난 친정 엄마의 하소연을 듣고 무언가에 얻어맞은 듯 정신이 번쩍 들었다. 그 이유는 나 자신이 대학 강단에서 노년기가 점점 중요해지므로 준비가 꼭 필요하다고 떠들고 다니면서 정작 가장 가까이에 있는 내 부모님께는 그동안 너무 무심했다는 생각이 들어서였다.

노년기의 여가는 젊은이들의 여가와는 다르다. 노년기가 되면 극단적으로는 하루 24시간이 전부 여가인, 그야말로 여가투성이의 생활이 시작된다. 따라서 이 시간을 보람있게 활용하지 못하면 무료함과 고통이 가중되어 노년기 우울증으로 이어질 수 있다. 70세까지 살기가 매우 드물다는 인생칠십고래희(人生七十古來稀)라는 말은 아득한 옛말이 되었고, 이제는 80세는 보통이고 100세 이상의 노인들도 늘어가고 있다. 그러므로 점점 길어지는 노년기를 어떻게 보낼 것인지 진지하게 고민해보고 미리 계획해야 한다.

최근 베이비부머 세대를 대상으로 중년기 이후의 노화과정에 대한 이해를 돕고 노후를 새롭게 설계하여 건강하고 보람차게 보내는 제3기 인생*을 목표로 하는 교육과정들이 속속

---

* 제3기 인생(the third age)은 라슬렛(Peter Laslett)이 제시한 용어로, 퇴직 이후의 건강하게 지내는 시기를 말한다.

생겨나고 있다. 점점 길어지고 있는 노년기에 잘 적응하기 위해 자신을 재사회화하고자 한다면 이러한 교육에 관심을 가져도 좋을 것이다. 역사 공부도 좋고 철학이나 문학에 심취해 보는 것도 멋진 일이 아닐 수 없다. 무언가를 배우는 데서 더 나아가 막걸리 소믈리에, 파티플래너, 정리수납 컨설턴트, 실버동화구연가 등 새로운 자격증 취득에 도전하고, 그것을 활용하여 다시 일터에서 신나는 삶을 살아보는 것도 좋을 것이다.

이러한 자기개발과 더불어 자원봉사에 참여하여 누군가에게 도움이 되는 삶으로 인생의 황혼을 장식하는 것도 보람있는 일이다. 먹고사는 것이 바빠 봉사에 여력이 없었던 현재의 노인세대와는 달리 상당수의 베이비부머들은 자원봉사에 참여하고자 하는 욕구가 크다. 의향은 있지만 참여경로를 모른다면 집에서 가장 가까운 자원봉사센터를 찾아가서 봉사를 위한 첫발을 내딛어 보자. 문화유산해설사로 일하면서 손주뻘 아이들과 어울려도 좋고, 외로운 독거노인들을 찾아가 말벗이 되어줄 수도 있다. 봉사활동을 하다 보면 다람쥐 쳇바퀴 돌 듯하던 매일의 반복되는 일상에서 벗어나 생활에 활력이 생겨 건강에도 좋고, 자신에 대한 성찰의 기회도 되며, 어려운 처지의 사람들에게 도움을 줄 수 있으니 그야말로 보람있는 일이 아닐 수 없다.

60세에 은퇴해 80세까지 산다고 가정할 때, 밥 먹고 잠자는 시간을 뺀 나머지 시간이 '7만 시간'이라고 한다. 이 긴 시간을 공포의 시간으로 보낼 것인지, 아니면 축복의 시간으로 활용할 것인지는 각자의 마음먹기에 달려 있다.

풀타임 제저를 잘 활용하려면

- 노후에 무엇인가를 배우고자 하는 사람들을 위해 각 대학의 평생교육원, 서울대 노화고령사회연구소, 건강가정지원센터 등에서 다양한 노년기 교육 프로그램을 제공하고 있다.

- 노후에 일자리를 갖고 싶은 사람들은 한국노인인력개발원 홈페이지에서 다양한 일자리 유형에 대한 정보를 얻을 수 있다.

- 노후를 봉사하는 삶으로 채워가고 싶은 사람들은 전국 자원봉사센터(국번 없이 1365)의 홈페이지에서 자신에게 맞는 봉사프로그램을 찾아서 신청할 수 있다.

자원봉사 포털 사이트(www.1365.go.kr)

어디서

어떻게 살 것인가?

───────────────

"요새 시간이 날 때마다 전원주택도 찾아보고 새로 지은 노인주택도 찾아가 보곤 하는데, 아직은 영 마음이 내키지는 않네. 지금은 괜찮지만 더 나이 들어 움직이는 게 힘들어지면 어찌할까 싶어."

일찍 남편과 사별하고 딸 하나와 30여 년의 세월을 지내온 김미자 교장선생님은 그나마 학교 일에 매달리며 살다 보니 남편에 대한 그리움은 어느 정도 묻어둘 수 있었다. 그러나 요즘 퇴직을 앞두고, 하나 있는 딸의 결혼 이야기가 오가면서 앞으로 혼자 어떻게 살아야 할지에 대한 고민으로 밤잠을 설치고 있다. 이곳저곳 쑤시고 아픈 데가 늘어가지만 아직은 심신이 건강하니 그럭저럭 살아간다 해도, 퇴직하고 딸자식이 결혼한 후 텅 빈 집에서 혼자, 그것도 더 나이 들어 수족을 마음대로 움직이지 못하게 되었을 때를 생각하면 눈앞이 캄캄하다.

김 교장선생님처럼 일상에 쫓기다가 아무런 준비 없이 노년기에 접어드는 사람들이 적지 않은 것이 현실이다. 더군다나 인생의 동반자가 가장 필요한 시기인 노년기를 배우자 없이 홀로 지내야 하는 노인들이 경험하는 외로움은 더욱 클 수밖에 없다. 건강이 뒷받침되면 그동안 열심히 일하고 자식 키우느라고 하지 못했던 것들을 하면서 지내겠지만, 더 나이가 들어서 누군가의 도움이 필요한 시기가 되면 어디서 어떻게 살아가야 할 것인지에 대한 고민이 깊어진다. 자식들과 동거하면서 부양받기를 원하지 않는다면 실버타운에 대한 막연한 부정적인 생각을 버리고, 이를 하나의 대안으로 받아들여 적극적인 정보수집에 나설 필요가 있다.

최근에는 노년기의 신체 발달 특성에 맞추어 주거 내부를 안전하고 편리하게 설계하고, 식사·세탁·청소는 물론, 다양한 여가서비스를 제공하는 실버타운들이 속속 등장하고 있다. 요일별로 각종 프로그램을 제공하여 마음 맞는 친구들과 함께 원하는 교육을 받거나 취미생활을 할 수도 있다. 또, 부엌에 들어가기 싫은 날에는 타운 내의 식당에서 여유를 즐기며 식사를 할 수도 있다. 긴급한 상황에 처했을 때는 즉각적인 도움도 받을 수 있으니 배우자나 자녀의 빈자리를 대신해 주기도 한다. 특히 건강이 좋지 않은 노인들을 위해 요양에 초점을 맞춘 실버타운도 있으므로 자신의 건강상태를 고려해서 선택하면 된다.

자식과 가까운 거리에서 도시의 각종 편의시설을 즐기며 노후를 보내고 싶다면 도심형이나 도시근교형 실버타운을, 물 맑고 경치 좋은 곳에서 흙냄새를 맡으며 자연을 벗삼아 살고 싶다면 전원형 실버타운을 선택하면 된다. 여유 자금이 없어 생활비가 걱정된다면 소유권 이전 등기가 되는 분양형 실버타운을 선택하여 살면서, 이를 담보로 주택연금에 가입해 죽을 때까지 얼마간의 생활비를 타서 쓰는 방식도 고려해 볼 수 있다. 실버타운이 노인들끼리 사는 곳이어서 자칫 분위기가 가라앉을 것 같아 꺼려진다면 어린이집을 병설 운영하여 아이들과 함께 어우러져 생활할 수 있게 한 실버타운을 선택할 수도 있다.

점점 길어지는 노년기를 혼자 잘 살아갈 수 있을까 하는 막연한 두려움은 떨쳐 버리자. 시대가 변하고 있다. 노인 소비자의 욕구에 맞춰 구석구석에 다양한 상품과 서비스가 개발되어 있으니 걱정만 하지 말고 적극적으로 찾아나서는 것이 바람직하다. 아는 것이 힘이다. 바야흐로 정보화시대, 다양한 정보로 무장한 중년기는 얼마든지 당당하고 활기찬 노년기를 맞이할 수 있다.

TIP 노후설계정보

주거를 비롯한 노후준비에 대한 제반 정보가 필요하다면 국민연금공단에서 제공하는 노후설계정보 란을 참고하자. 갑자기 몸이 아플 때는 어디에서 가장 신속히 도움을 받을 수 있는지, 노년기의 경제적 안정을 겨냥한 금융 상품이나 서비스는 어떤 것들이 있는지, 취미·여가생활을 잘 즐기려면 어느 곳의 문을 두드려야 하는지, 제2의 일자리를 찾고 싶으면 어디를 찾아가야 하는지 등 다양한 정보들을 제공하고 있다. 자신에게 필요한 정보를 꼼꼼하게 수집해서 노년기를 준비한다면 보다 안정되고 질 높은 노후생활을 가꾸어 나갈 수 있을 것이다.

국민연금공단에서 제공하는 노후설계정보(csa.nps.or.kr)

노년기,
건강하게 누리려면

    🖋 50대 후반인 김동수 씨는
요즘 나이를 먹는 것에 부쩍 신경이 쓰인다. 몇 년 후면 60대
에 들어서고 곧 노년기에 접어든다는 생각에 마음이 조급하
다. 노년기를 건강하게 보내고 싶다는 생각은 있지만 막상 무
엇부터 어떻게 시작해야 할지 막막할 따름이다.

  동수 씨는 먼저 건강기능식품을 챙겨 먹기로 했다. 하지만
결국 구입하지 못했다. 눈에 좋은 것, 뼈에 좋은 것 등 뭐가 뭔
지 구분할 수 없을 정도로 종류가 아주 많았기 때문이다. 며
칠 후 동수 씨는 운동을 좀 해야겠다는 생각이 들어 집 앞에

있는 헬스장에 등록하러 갔다. 하지만 예상보다 가격이 만만치 않아서 그냥 집으로 되돌아왔다. 운동과 식단, 모두 중요한 것 같아 막상 하나라도 시작하려니 머릿속만 복잡하고 어떻게 해야 할지 갈피를 잡지 못해 동수 씨는 답답하기만 하다. 노년기를 대비하여 마음먹고 무언가 해보려는데 어느 것 하나 쉬운 게 없다.

100세 시대를 맞아 노년기에 건강하게 생활하려면 어떻게 해야 할까? 뭔가 대단하고 특별한 대비를 해야 할 것 같지만 의외로 단순하다.

노년기의 건강한 삶을 위해 먼저 '질병을 예방하는 것'부터 시작해 보자. 이는 질병이 생길 수 있는 위험요인을 미리 차단하여 나의 몸을 잘 돌본다는 의미이다. 질병을 예방하는 것은 의외로 쉽지만, 사람들이 잘 실천하지 못한다. 대부분의 사람들은 나이가 들면서 생기는 신체의 이상을 '단지 나이가 들었기 때문에' 일어나는 당연한 현상으로 여기고, 몸의 불편함을 참으며 그대로 생활하는 경우가 많다. 그러나 노후를 건강하게 지내려면 중년기인 지금부터 몸이 보내는 신호를 그냥 지나쳐서는 안 된다. 예를 들어, 평상시와 달리 언제부터인지 소화가 잘 되지 않거나 어깨가 자꾸 쑤시거나 혹은 자고 일어났을 때 손발이 많이 붓는다면 무심코 넘어가지 말고 왜 그런지 원인을 찾고 치료를 받아야 한다. 몸이 아픈데 병원에 가는 걸 귀찮아 하거나 나이가 들어 그런 거지 하고 지나치다가 병을 키울 수도 있다. 정기적으로 건강검진을 받고, 내 몸이 평소와 다르지는 않은지 예민하게 살펴야 한다. 나를 위해 지금껏 애써준 나의 몸을 조금만 더 아끼고 사랑하자. 그렇게 하면 좀 더 편안하고 건강한 노년기를 보내게 될 것이다. 소 잃고 외양간 고치지 말고, 소 잃기 전에 외양간 문이 괜찮은지 유심히 살펴야 할 때가 바로 중년기이다.

두 번째는 '건강을 유지하기'이다. 혼자 일상생활을 하는 데 불편하지 않을 정도로 신체적·정신적 기능을 일정 수준으로 유지하려고 노력해야 한다. 노인이 된다고 해서 기억력이 어느 한순간에 급격히 떨어지고, 몸이 갑자기 제대로 말을 안 듣는 것은 아니라는 점을 기억하자. 몸도 정신도 아주 특수한 경우를 제외하고는 기능이 갑자기 뚝 떨어지지는 않는다. 그러나 대부분의 사람들은 노인이 되면 신체기능이나 정신기능이 현저하게 떨어질 것이라는 고정관념을 당연하게 받아들이고 더 이상 머리 쓰는 복잡한 일을 하지 않거나 몸을 과도하게 움직이는 일을 피하기도 한다. 더욱이 요즘에는 전화번호를 외울 필요 없이 휴대전화에 손가락만 까딱하면 전화를 걸 수도 있고, 지하철을 어떻게 타고 가면 목적지까지 가장 빠르게 갈 수 있을까 생각할 필요도 없이 휴대전화의 애플리케이션을 통해 답을 쉽게 찾을 수도 있다. 결국 노화 때문이 아니라 몸이나 머리를 사용하지 않아서 더 빨리 제 기능을 발휘하지 못하게 되는 것이다.

노년기에 접어들어서 대책을 마련하느라 허둥대지 말고 중년기인 지금부터 노년기에 신체적·정신적 건강을 유지할 수 있도록 준비할 것을 권한다. 스트레칭이나 산책을 하고, 마을 버스 한두 정거장 정도는 버스를 타지 말고 걸어보자. 한 달에 한 권이라도 좋아하는 책을 읽고, 지인들의 휴대전화번호를 외워 보자. 이러한 일상생활에서의 꾸준한 노력이 건강한 노년기를 보장할 것이다. 박지현

이자율이
가장 높은 건강저축

🌿 점심식사를 마친 후 김간난 할머니는 "열심히 산다고 살았는데 왜 이렇게 돈이 없는지 모르겠어. 돈이 없으니까 사람 구실도 못하고 병이 나도 치료받기가 힘들어."라고 말씀하시면서 가방에서 주섬주섬 뭔가를 꺼내신다. 한 꾸러미의 약봉투다. 고혈압 약, 당뇨병 약, 무릎관절이 좋지 않아 드시는 약 등. 우스갯소리로 "약만 드셔도 배부르시겠어요."라고 하니까 씩 웃으시면서 정말 그렇다고 하신다. 돈 쓸 곳은 많은데 아프기까지 해서 지출이 너무 많아 걱정이라고 하셨다. "애들 공부시키고 결혼시키느라 모아둔

것도 없는데 돈 들어가는 데가 어찌나 많은지. 자식들이라곤 고생해서 키워준 줄도 모르고 힘들게 사는 우리를 나 몰라라 하니 걔들도 미워."라고 하시면서 말끝을 흐리셨다.

경제적으로 힘든 할머니의 이야기다. 먹고, 입고, 생활하는 데 드는 비용은 물론이고, 손주들에게 선물이나 용돈을 줘야 하는 상황도 있으며, 주변의 경조사도 챙겨야 하는 등 노년기에 지출되는 비용은 의외로 많다. 특히 질병은 지출에 복병이 될 수 있다. 다른 시기에 비해 악성종양이나 심혈관질환, 뇌혈관질환 등 만성질환에 걸릴 가능성이 높아지면서 그에 따른 병원비와 약값 지출이 만만찮기 때문이다. 게다가 귀가 잘 들리지 않으면 보청기도 구입해야 하고, 관절이 좋지 않으면 수술도 받아야 하니 노후를 잘 보내려면 경제적 뒷받침이 필수라는 점은 아무리 강조해도 지나치지 않는다. 세간에 떠도는 '돈만 있으면 노년기에 겪을 수 있는 여러 가지 어려움이 해결된다'는 말은 어느 정도 맞다.

현재 베이비부머 세대 중에서 노년이 되었을 때 경제적 어려움에서 자유로울 수 있는 사람은 얼마나 될까? 노부모를 부양하고 자식을 교육하고 결혼시키는 데 수입의 대부분을 지출한 탓에 경제적으로 여유 있는 사람은 그리 많지 않을 듯하다. 그렇다고 자녀들에게 경제적 부양을 기대하기는 어렵다. '어떻게 되겠지.'라는 막연한 생각으로 경제적 준비 없이 노후를 맞게 되면 예상치 못했던 일들로 노년기의 삶은 피폐해질 수 있다.

어떻게 하면 노년기에 겪게 될 지도 모르는 경제적 어려움에서 조금이라도 벗어날 수 있을까? 우리 사회의 분위기는 자녀들이 원하는 것을 지원해주지 않으면 부모 노릇을 제대로 하지 못하는 부모로 몰아붙인다. 이런 사회 현실에서 자녀에게 들어가는 지출을 당장 줄이고 자신의 노후를 위해 저축하는 것은 어렵다. 오히려 노년기에 지출을 줄이는 방법을 고민해보는 것이 낫다.

노년기의 경제적 지출을 줄일 수 있는 최고의 방법은 건강을 유지하여 질병 치료에 들어가는 비용을 줄이는 것이다. 건강보험제도가 잘 시행되고 있다고 해도 노년기에 발병하는 질병은 많은 액수의 지출을 요구한다. 그러므로 노년기의 건강유지를 이자율이 가장 높은 저축이라고 말해도 지나치지 않는다.

그렇다면 어떻게 건강을 유지할 수 있을까? 운동을 지속적으로 하는 것은 하나의 방법이 될 수 있다. 운동을 한다고 해서 100퍼센트 질병에 걸리지 않는다고 보장할 수는 없지만, 발병의 가능성을 줄이고 발병의 시기는 늦출 수 있다. 그렇게만 해도 지출을 줄이는데 큰 도움이 된다.

거창한 운동일 필요는 없다. 내가 처해 있는 상황에서 쉽게 할 수 있고, 나이가 들어도 계속 할 수 있는 운동이면 된다. 집 안에서 쉽게 할 수 있는 맨손체조나 요가, 가까운 거리는 자동차를 타지 않고 걷기 등도 좋은 운동이다. 지금 당장은 아니지만 계속 하다 보면 그 효과는 분명히 나타날 것이다. 꾸준한 운동으로 건강을 지킬 수 있었다는 어르신들의 이야기는 이를 뒷받침해준다.

'건강'으로 노년기에 지출되는 비용이 줄면 비록 저축해 둔 돈이 적더라도 노년기의 삶은 풍요로울 것이다. 나이 들어 병에 걸리고 나서 몸 걱정, 돈 걱정하면서 후회하지 말고 지금 당장 운동을 시작하자.

자, 이제부터 운동합시다! 배선희

5부

베이비부머의
노년 준비 프로젝트 2
원만한 인간 관계

행복한 결혼생활은 저절로 얻어지지 않는다
노년기의 부부상
할아버지, 손자를 돌보다
외로워 죽겠다고 하지 않으려면
자원봉사, 일타삼피!

행복한 결혼생활은
저절로 얻어지지 않는다

🍃 오랜만에 아파트 엘리베이터에서 만난 초로의 홍미숙 씨의 안색이 부쩍 어두워보였다. 늘 웃는 얼굴에 콧노래를 흥얼거리고 다니며 우리 아파트에서 해피바이러스의 역할을 하던 예전의 모습은 온데간데없고, 며칠 사이에 주름살이 도드라져 보이기까지 했다. 놀이터 벤치에 앉아 그녀의 근황을 들어보니 변화된 모습이 이해가 되었다.

그녀의 기나긴 하루가 또 시작된다. 오늘은 남편이 친구라도 만나러 나가주면 좋으련만 여지없이 기대가 무너진다. 퇴직 후 남편은 냉장고는 물론, 싱크대 안까지 기웃거리면서 살림을 지저분하게 한다고 핀잔하며 여기저기 닦고 또 닦는다. 모른 척하고 방에 드러누워 보지만 맘은 편치 않다. 막내가 대학에 들어가면서 하고 싶은 것을 마음대로 하고 산악회, 노래교실, 친구 모임 등 자신만의 생활을 시작한지 얼마 되지도 않았는데, 남편이 덜컥 퇴직을 하면서 그녀의 일과에 차질이 빚어지고 있는 것이다. 아침 먹고 나면 점심, 점심 먹고 나면 다시 저녁식사를 챙겨야 하는 그녀는 숨이 막힐 것 같다. 한 끼라도 밖에서 해결하고 오면 마음이 편하련만 친구도 없이 집안에서만 맴도는 남편이 원망스럽다. 잠시 외출이라도 하려고 하면 어디 가냐, 언제 오냐 하며 부담을 준다. 하루 이틀도 아니고 앞으로 어떻게 살아야 할지 막막하기만 하다.

퇴직한 남편을 둔 대부분의 아내들이 갖는 고민을 미숙 씨도 하고 있다. 평균 수명의 연장으로 퇴직 후 부부만의 시기가 길어지면서 부부간의 관계가 점점 중요시되고 있다. 그런데 남편과 함께하는 시간이 많아지면서 '제2의 신혼기'가 아니라 미숙 씨의 경우처럼 부부간의 갈등으로 이어지거나 '늦은 이혼'으로 갈라서는 부부들이 증가하고 있다. 이를 예방하기 위해서는 부부관계를 재조명해 보아야 할 필요가 있다.

퇴직 즈음의 남편은 가사노동 분담에 대해서 진지하게 고민해 보아야 한다. 일반적으로 퇴직 후 남편이 가사노동을 분담하는 경우 아내의 결혼만족도가 높아져 부부관계가 좋아지는 것으로 나타나고 있다. 하지만 미숙 씨의 사례처럼 남편이 지나치게 집안일에 관여하며 잔소리에 명령까지 해대면 아내는 남편 시집살이에 열불을 토로하며 마음의 문을 닫아버릴 수도 있다. 따라서, 아내와 충분히 협상한 후에 아내가 원하는 선에서 집안일을 분담하는 것이 바람직하다.

또한 행복한 부부관계를 유지하려면 나이 들어가면서 일어나는 상대방의 변화를 부부가 서로 이해할 수 있어야 한다. 아내는 자녀양육의 역할에서 벗어나면서 독립적이며 자기주장이 강해지는 반면, 남편은 직업 역할의 변화를 경험하면서 젊었을 때에 비해 의존적이며 가족과 친밀한 관계를 형성하려는 의지가 상대적으로 높아진다. 그러므로 남편은 아내에게 지나치게 권위적이거나 예전의 순종적인 모습만을 기대해서는 안 되며, 아내 또한 나이가 들어가면서 자신에게 의존하는 남편을 포용할 수 있어야 한다. 남편은 그동안 자신과 자식들 뒷바라지에 많은 것을 포기하며 살아온 아내에게 늘그막에 하고 싶은 일을 맘껏 할 수 있도록 자유를 주고, 아내 역시 가족을 위해 치열하게 일선에서 싸워온 남편에게 따뜻한 마음의 안식처가 되어줄 수 있도록 배려해야 한다. 남편은 젖은 낙엽이 빗자루에 달라붙어 떨어지지 않는 것처럼 아내에게 집착하여 살아가는 처량한 '젖은 낙엽족'이 되지 않기 위해 혼자서도 즐길 수 있는 취미생활을 찾고, 아내는 남편의 가슴을 철렁 내려앉게 만든다는 곰국 끓이는 횟수를 조금은 줄여보자.

　행복한 결혼생활은 저절로 얻어지는 것이 아니다. 이렇게 부부가 함께 노력하며 만들어가야 한다.

TIP 부부간의 역할분담

다음은 한국가족상담교육연구소에서 개발하여 시행한 '노년기준비 교육프로그램: 풍요로운 노후 가꾸기' 교육에 참여했던 한 중년기 여성이 응답한 내용이다. 이를 보고 우리 부부의 역할분담에 대해 생각해보자.

Q. 퇴직 후 남편이 해주기를 원하는 집안일은?

☐ 청소기 돌리기

☐ 베란다에 있는 화분들에 물 주기

☐ 점심 설거지

노년기의
부부상

      TV 프로그램에서 아흔이 넘은 노부부가 자녀를 모두 키워 도회지로 보내고 고향인 시골에서 오순도순 살아가는 모습을 본 적이 있다. 할아버지의 장난에 할머니가 토라졌다가도 할아버지가 감기에 걸리자 할머니는 눈시울을 붉혔다. 그리고는 감기에 좋다는 민간요법으로 음식을 만들어 드리는 등 서로 오누이처럼 챙겨주면서 살아가고 있었다. 옛날 분들이라 할머니는 열일곱에, 할아버지는 열아홉에 결혼을 하였다. 그들은 청년기와 중년기를 함께 보냈고, 노년기도 함께 보내고 있다. 그들에게 부부란 어떤 의미일까?

또 다른 아름다운 노부부를 TV에서 본 적이 있다. 나이 아흔
인 할아버지가 할머니에게 까꿍 놀이를 하거나, 뽀뽀를 하면서
'나의 사랑 순심이'라고 말하는 장면이었다.

노년기에 배우자와 행복을 느끼고 배우자를 진정으로 사랑한
다면 축복된 삶이다. 이 두 노부부를 보면서 행복한 노부부상
을 생각해 보았다.

첫째는 상대방에 대한 고마움이다. 힘든 일들이 있었음에도
함께 자식을 키우고 살아온 것에 대한 고마움이 녹아 있었다.

중년기에는 자녀 이외에는 공통의 관심사가 없어 부부는 각
자의 시간을 보내는 경우가 많다. 부부는 심리적 거리감을 느
끼며 서로에 대한 불만족으로 불행을 한탄하게 되기도 한다.
미우면 밥 먹는 모습도 보기 싫다고 한다. 하지만 곁에서 함께
밥을 먹는 그 자체만으로도 고맙다고 생각해보자.

둘째는 사랑을 표현한다. 위의 두 사례에서 할아버지들은
전통적인 유교 문화에서 살아온 분들이지만 그들은 아내에게

다정스럽게 사랑을 표현했다. 사랑을 하더라도 그것을 표현하지 않으면 상대방은 느낄 수 없다. 사소한 말 한 마디가 배우자를 행복하게 해 준다는 점을 기억하자. 지금의 중년 남편들도 유교적인 문화에서 성장해서 감정표현이 서툴다. 하지만 아흔이 넘은 할아버지들도 사랑 표현을 하시는데 중년 남성들도 노력을 하면 얼마든지 잘 할 수 있다. 그 예로 오늘부터 "여보, 오늘 기분 어때요? 힘든 일은 없었어요?"라는 표현부터 시작해보자.

셋째는 서로 존중하고, 존경한다. 위의 두 사례에서 남편과 아내가 서로에게 존댓말을 사용하고, 공손한 태도를 보였다. 행복한 부부는 상호 존경과 존중이 그 뿌리가 된다. 자신이 먼저 배우자에게 존경받을 수 있도록 노력한다. 부모님을 위하는 행동이나 자신을 끊임없이 계발하는 등 존경받을 만한 모습을 갖도록 노력해보자. 이렇게 노력하다 보면 행복하게 노년기를 보내게 될 것이다. 확정해

할아버지,
손자를 돌보다

🖊 김철우 씨는 50대 후반의 젊은 나이에 할아버지가 되었다. 자신이 할아버지가 되었다는 사실이 감격스러우면서도 한편으로는 늙은 것 같아 속상하기도 했다. 어느덧 시간이 흘러 손자는 세 살이 되었고, 딸이 복직을 하게 되었다. 손자를 맡아주기로 했는데 아내가 아파서 손자를 어린이집에 보내기로 결정했다. 손자를 아침마다 어린이집에 보내는 일과 오후에 딸이 돌아올 때까지 돌보는 일은 할아버지가 맡게 되었다. 과연 할아버지가 손자를 잘 돌볼 수 있을까? 가족들은 모두 걱정을 했다. 하지만 그런 걱정은 기우

였다.

할아버지는 손자를 돌보는 일이 처음에는 낯설고 힘들었다. 밥 먹이기, 옷 입히기 등 일상의 양육이 서툴고 어색했다. 아이와 놀아주는 일은 힘들지 않았지만 아이가 울거나 투정을 부릴 때는 어떻게 해야 할지 난감했다. 이런 일이 생길 때마다 딸이나 아내에게 물어보는 등 노력을 했다. 점점 시간이 지나면서 손자와 좋은 관계를 맺게 되었고, 손자와의 유대감이 깊어질수록 할아버지의 행복감은 더 높아졌다.

할아버지는 젊은 시절 직장 때문에 자식과 함께 하지 못했던 것을 손자를 통해 경험하고 있다. 할아버지는 "거참, 나는 돈 버느라고 저 어린 것의 재롱을 보지 못하고 살았구려. 손자 녀석 밥 먹이고, 기저귀를 갈고 하다 보니 아내가 젊은 시절에 우리 아이들을 키우느라 참 많이 고생했다는 것을 알게 됐네."라고 말씀하신다.

비단 김 씨 할아버지의 사례가 아니더라도 요즘은 할아버지가 손주를 돌보는 모습을 주변에서 많이 볼 수 있다. 이것은 반가운 변화이다. 남성이 할아버지로서의 역할을 담당하는 것은 개인과 가족생활에 긍정적인 영향을 주게 된다.

첫째는 중년 이후의 남성이 가족생활에서 느끼는 소외감과 외로움을 손주를 돌봄으로써 극복할 수 있다. 자신이 중요한 가족원의 역할을 담당함으로써 존재감도 확인할 수 있다. 이런 느낌은 삶에서 보람과 풍요로움을 느끼게 하고 삶의 의미를 찾을 수 있게 한다.

둘째는 손주에게도 긍정적인 영향을 미친다. 영유아기에 조부모와의 관계가 친밀한 경우 애착 형성에 도움이 된다. 그리고 손주는 할아버지로부터 삶의 지혜와 기술을 배울 수 있다.

셋째는 할아버지가 손주를 돌보는 경험은 본인의 부부관계에도 긍정적인 영향을 미친다. 그동안 남편은 직장생활로 경험하지 못한 자녀 양육을 직접 해봄으로써 아내, 어머니의 세계를 이해할 수 있다.

남성이기 때문에 아이를 돌볼 수 없다는 편견은 버리고, 처음에는 힘들고 미숙할 지라도 손주를 돌보는 일에 기꺼이 참여하자.

TIP 손주를 잘 돌보는 노하우

- 주 양육자는 부모 당사자임을 인정해야 한다. 손주를 돌보게 되면 부모의 양육에 개입하게 되는데, 이를 주의해야 한다. 부모들의 역할을 인정하고 부모들의 훈육방법과 태도에 깊이 관여하지 않도록 조심하자.

- 손주를 위해서 부모역할 교육을 받는 것은 실제적으로 많은 도움이 된다. 사회복지기관이나 건강가정지원센터에서는 조부모 영유아 육아교실을 개설해 두고 있다. 이런 교육을 통해 자녀양육 기술과 방법을 배우도록 노력하자.

외로워 죽겠다고

하지 않으려면

🌿 아내와 사별하고 혼자 산 지 1년 남짓 된 78세의 김 씨 할아버지는 말끝마다 '외로워~' 를 연발하시다. "하루 종일 말 한 마디 못 했어. 입에 곰팡이 가 슬 지경이야. 누가 상상이나 했겠어. 돈만 많이 있으면 괜 찮을 줄 알았는데. 한번 살아봐. 나이 들면 얼마나 쓸쓸하고 외로운지." 할머니가 돌아가신 후 할아버지가 상실감이나 외 로움을 덜 느끼도록 자식들이 자주 와서 이런 저런 이야기를 하고 식사도 같이 하지만, 할아버지의 외로움은 별로 나아지 지 않았다고 한다. 게다가 간혹 만나던 친구들도 몇 년 사이

세상을 뜨는 바람에 외로움은 더 심해져, 이제는 견디기 힘들 정도로 고통스럽다고 하셨다. 젊은 사람들은 그동안 하지 못했던 일들을 하면 좋지 않느냐고 쉽게 말하지만 노년의 현실은 그렇지 않다고 덧붙이셨다.

요즘 김 씨 할아버지처럼 외로움 때문에 고통스러워하는 어르신들을 주변에서 많이 본다. 약장수의 감언이설에 속는 줄 알면서도 약을 사는 이유가 외롭기 때문이라고 하니 노년의 외로움은 경제적 어려움보다 더 큰 고통인 듯하다.

어느 정도의 외로움은 인간이 성장하는데 도움이 된다. 하지만 은퇴 후 사회적 관계가 단절되고, 배우자의 사망과 자녀들의 분가로 인해 혼자 감내할 수 없을 정도로 외로움이 커지면 고통으로 느끼게 된다. 이것이 오래 지속되면 우울증으로 발전하고, 심하면 자살로 이어질 수도 있으므로 심각한 문제이다. 어떻게 하면 노년의 삶을 힘들게 하는 외로움을 조금이라도 줄일 수 있을까? 주변 사람들과 좋은 관계를 맺고 있다면 어느 정도 해소될 수 있지 않을까?

노년기에 외로움이 큰 고통으로 닥칠 수 있으니 좋은 관계를 미리 잘 만들어 두어야 한다고 중년들에게 이야기하면 귓등으로 듣는다. 신경을 많이 써야 하는 노부모와 자녀들이 있고, 직업이나 가사와 관련된 역할도 해야 하며, 여러 개의 사회적 관계들 때문에 여력이 없기 때문이다. 다른 사람들은 외로움 때문에 힘들지 몰라도 나는 예외일 거라는 장밋빛 환상이나 그때 가면 어떻게 되겠지라고 생각하기 때문에 그럴 수도 있다. 그러나 노인들 대부분이 외로움이라는 고통을 겪고 있는 것을 보면 지금의 중년도 나이가 들면 '외로움의 고통'에서 자유로울 것 같지 않다. 주변 사람들과 갑자기 친밀한 관계를 맺기란 쉽지 않기 때문에 지금부터라도 의식적으로 그러한 관계를 만들기 위한 노력을 시작해야 한다.

그러기 위해서는 먼저 어떤 사람들과 친밀한 관계를 만들 것인가에 대해 고민해야 한다. 인터넷 등을 통해 자신의 취미에 맞는 동호회에 가입하거나 가까이 있는 교회나 성당, 절에 다니면서 마음에 드는 사람과 교류하거나, 아니면 그동안 소원했던 친구나 형제자매들과의 관계를 돈독하게 하는 것이 좋다. 봉사모임이나 평생교육원에 가는 것도 하나의 방법이 될 수 있다. 특히 남자들은 그동안 일로 맺어진 형식적인 관계에 치중해서 친밀한 관계를 맺지 못했을 수 있으니 더욱 관심을 가지고 찾아봐야 할 것이다.

하지만 자신에게 맞는 모임을 찾고 여기에 참여한다고 해서 서로 위로가 되는 친밀한 관계가 저절로 만들어지지는 않는다. 학력이 높거나 돈이 많거나 나이가 많다고 잘난 척하거나, 다른 사람의 이야기에 귀를 기울이지 않고 자기 이야기만 하는 것은 별 도움이 되지 않는다. 자신의 의견과 다르다고 해서 다른 사람의 말을 중간에 자르는 것은 관계 맺음에 더더욱 도움이 안 된다.

친밀한 관계를 만들기 위해 가장 중요한 것은 자신이 하고 싶은 이야기를 꾹 참고 상대방의 이야기를 끝까지 들어주는 자세이다. 이렇게만 해도 상대방은 이해받고 존중받는 느낌을 받아 나에게 마음의 문을 더 열게 된다. 그러다 보면 서로가 조금씩 자신의 속내를 이해하며 더 친밀해질 수 있다.

　나이 들어 경제적 어려움보다도 더 고통스럽다는 '외로움'이라는 복병을 피하기 위해 지금부터 노력해야 한다. 상대방의 이야기가 설령 당신의 생각과 다르더라도 중간에 끼어들어 말을 자르지 말고 고개를 끄떡이면서 "아, 그렇군요."라고 추임새까지 넣으면서 사람들과 이야기해보자. 쉽지 않은 일이지만 꼭 해야만 한다. 배선희

자원봉사,
일타삼피!

🖋 가끔씩 버스정류장에서 뵙는 멋쟁이 할머니가 한 분 계신다. 무표정하고 힘이 없어 보이는 다른 어르신들에 비해 만날 때마다 웃는 얼굴에 활기찬 모습이다. 그 모습을 보면 나도 덩달아 기분이 좋아져 할머니처럼 나이 들고 싶다는 생각을 하게 된다.

어느 날 우연히 할머니와 이야기할 기회가 있었다. 이런 저런 이야기 끝에 어떻게 늘 그런 밝은 모습이신지 여쭈어 보았더니 "별거 아니야. 말하기 쑥스러운데 아마 노인복지관에서 하고 있는 상담 자원봉사 때문일 거야. 의외로 나이 든 사람들이 고민거리가 많더라고. 예전부터 해왔던 일인데, 이 일이 생각지도 않게 나이 들어서 나를 행복하게 해주네."라고 말씀하셨다. 돈이 많다거나 자식들이 잘 자라서 사회적 지위가 있다거나 친구가 많다거나 뭐 이런 것을 기대했던 나에게 다른 사람들을 도와주면서 얻게 되는 뿌듯함 때문이라는 할머니의 대답은 예상 밖이었다. 주변사람에게 부양을 받아야 하는 노인이 다른 노인을 돕는다고 더러 핀잔을 듣기도 하고, 나이 들면서 남의 어려움을 들어주고 조언을 해주는 일이 힘에 부칠 때도 있다. 하지만 50대 중반에 시작한 이 일이 주는 행복감이 너무 커서 건강이 허락하는 한 계속 할 생각이라고 하셨다.

노인이 되어 의미 있는 일을 하지 않으면 삶이 무료해질 수 있다. 중년까지는 바쁜 일상 때문에 아무 일도 하지 않고 푹 쉬고 싶어서 나이 들어 생기는 무료함의 고통을 생각하지 못한다. 그러나 노년기에는 삶에서 중요한 부분을 차지하던 직장을 그만두거나 집안일에서 어느 정도 벗어나기 때문에 자신의 존재 가치를 잃어버리면서 무의미한 삶이 될 가능성이 높다. 삶의 의미를 잃어버리게 되면 더 이상 삶을 유지하고 싶은 마음도 없어지게 된다. 자원봉사활동은 특히 이런 노년기의 특성상 겪을 가능성이 높은 '의미 있는 일을 하지 않아 생기는 고통'을 줄여 주는 하나의 대안이 될 수 있다. 앞에서 언급한 멋쟁이 할머니처럼 말이다.

자원봉사활동이 노년기에 나타날 수 있는 있는 무의미한 삶을 의미 있고 활기차게 해 주는 효과만 있는 것은 아니다. 모든 병은 마음에서 시작된다고 하지 않는가? 자원봉사활동을 하면 기분이 좋아져서 건강을 지키는 데에도 도움이 된다. 같이 하는 사람들과의 교류로 노인기의 복병인 외로움도 덜 수 있다. 자원봉사활동을 통하여 삶의 만족도가 높아지면 배우자나 자녀들에게 부담을 덜 주게 되어 그들과의 관계도 좋아지며, 또한 사회적 서비스가 필요한 곳에 도움에 주는 신노년 문화를 만들어 사회발전에도 기여하게 된다. 그래서 노년기의 자원봉사활동을 꿩 먹고 알 먹기, 고스톱에 비유하면 일타 삼, 사피라고 할 수 있다.

그러나 앞에서 언급한 많은 이점이 있음에도 불구하고 실제로 봉사활동을 하는 노인들은 많지 않다. 그 이유는 노인들의 봉사활동에 대한 주변사람들의 부정적 인식이나, 아니면 봉사활동을 필요로 하는 곳이 어딘지 몰라서이다. 마음은 있어도 새로운 시작을 두려워하는 노년기의 특성 때문일 수도 있다. 중년기는 노년기에 비해 이 모든 것을 떨쳐버리고 봉사활동을 시작하기 쉬운 시기이다. 그렇다면 지금부터 시작해보는 것은 어떨까?

우리 주변에는 사람들의 손길을 필요로 하는 일들이 많다. 전문적 지식이나 능력을 필요로 하는 일도 있지만 경우에 따라서는 몸만 움직이면 가능한 일들도 있다. 자신이 가지고 있는 자원이나 활동을 찾아서 시작해보자. 자신이 좋아하고 즐거워할 수 있는 일이면 더 좋다. 나이가 들면 이동에 어려움이 있을 수 있으므로 거주지의 주변에서 그런 일들을 찾아보는 것이 바람직하다.

자원봉사활동은 한번 시작하면 중독이 되어 그만두기 어렵다고 한다. 지금부터 시작하는 봉사활동이 일타 삼, 사피가 되어 당신의 남은 삶을 활기차고 의미 있게 만들어준다는데, 지금 당장 시작하지 않을 수 있을까? 배선희

TIP 노년기에 할 수 있는 자원봉사활동

노년기에 할 수 있는 자원봉사활동에는 어려움을 겪고 있는 노인들을 도와주는 노노케어, 노노상담, 노인교육이 있다. 그리고 도움을 필요로 하지만 사회적 서비스가 잘 이루어지지 않아 어려움을 겪고 있는 빈곤층의 유아나 장애아동을 돌볼 수 있고, 초등학생을 대상으로 한자, 전통문화를 가르치거나 재미있는 이야기를 들려줄 수도 있다. 환경보호, 교통정리, 주정차 단속, 문화재 안내, 민원상담 등의 활동도 가능하다. 밖에 나가는 것이 싫다면 집 안에서 뜨개질 등을 하여 구호단체에 보내주는 것도 하나의 방법이다.

6부

베이비부머의
노년 준비 프로젝트 3
마음자세

노년기, 열정의 삶으로, 느림의 삶으로?
몸에 밴 고마움과 배려는 주위 사람을 웃음 짓게 한다
칭찬과 감사의 힘
죽음에 대하여

노년기, 열정의 삶으로, 느림의 삶으로?

퇴직을 앞둔 강석 씨는 TV를 보다가 의외의 장면을 보고 놀랐다. 일본의 어느 작은 바에서 100세가 넘은 백발 할머니가 손님을 맞이하고 있는 것이 아닌가? 이 할머니는 아리마 히데코 할머니로, 60년 가까이 바를 운영하고 있었다. 그 나이에도 매일 신문을 읽으면서 시대의 흐름을 놓치지 않아 손님들과 정치, 경제 이야기를 나누거나 인생의 고민을 들어주는 멘토도 되어주었다. 아리마 할머니는 이 프로그램의 인터뷰를 하고 얼마 지나지 않아 생을 마감했지만 숨을 거두는 순간까지도 자신의 삶을 적극적으로 살았다고 한다.

　은퇴를 앞두고 어떻게 살아야 하나 고민하던 강석 씨는 아리마 할머니를 본 후 많은 생각을 하게 되었다. 은퇴한 후 남아도는 시간에 여행이나 다니면서 그저 편히 보낼 생각이었기 때문이다. 한편으로는 혼란스럽기도 했다. 지금까지 열심히 직장생활하며 가족을 부양하느라 나 자신을 돌볼 틈도 없이 치열하게 살아왔는데, 노인이 되어서도 저렇게 열성적으로 살아야 하다니……. 강석 씨는 갑자기 열정적인 삶과 느린 삶 사이에서 갈피를 잡기 어려웠다.

　일반적으로 은퇴를 하고 나면 사회적인 활동이 줄어들어 대인관계나 생활반경이 좁아지면서 한창 활동하던 때와는 다른 일상으로 인해 우울해지거나 의기소침해질 수 있다. 그래서 전문가들은 노년기에 사람들과 지속적인 관계를 맺는 등 활동적으로 살 것을 권한다. 최근에는 이런 노년기의 활동적인 삶의 모습이 바람직하게 여겨지고 있다. 100세 시대를 맞아 기나

긴 노년기를 성공적으로 보내려면 아리마 할머니처럼 내 삶을 적극적으로 끌고 갈 수 있는 무언가가 필요하다. 그런데 이렇게 활동적인 삶만이 노년기 삶의 정답일까? 좀 느슨하게 살면 안 되는 것일까?

사람들의 성격이 모두 다르듯이 노년기에 원하는 삶의 방식도 각자 다르다. 중년기에 노년의 삶을 준비하면서 중요하게 고려해야 할 점은 자신이 만족할 수 있는 삶의 방식을 찾는 것이다.

어떤 이들은 적극적인 삶을 원하여 다양한 활동을 통해 만족을 얻거나 살아 있음을 느낀다. 그래서 어려운 이웃을 돕는 자원봉사를 하거나 젊은 시절에 가졌던 배우의 꿈을 이루고자 연극을 배운다. 또, 자신의 재능 혹은 경력을 살려 노년기 창업을 하는 등 지속적으로 사람들과 교류하며 끊임없이 자신의 역할을 찾고 만들어 나간다.

반면에 어떤 이들은 이제까지의 치열했던 삶에서 벗어나 조용한 삶을 원하기도 한다. 무언가를 열심히 배우기보다는 잠깐씩 달콤한 낮잠을 즐기고, 동네 도서관에서 보고 싶은 책을 뒤적거리거나 북적이는 도시를 떠나 전원생활을 통해 지친 심신을 달래기도 한다.

열정의 삶이든지 느림의 삶이든지 자신의 삶의 방식을 통해 만족을 하고 평안을 얻고 있다면 이들 모두 노년기를 성공적으로 보내고 있는 것이다. 노년기는 지금까지의 인생을 돌아보고 정리하는 시간이다. 이 중요한 시기에 내가 진정 원하는 것이 무엇인지 생각해보고, 개성있는 '나만의 스타일'을 찾아보자. 박지현

몸에 밴 고마움과 배려는
주위 사람을 웃음 짓게 한다

🖋 며칠 전에 TV에서 104세 아
버지와 59세 딸이 함께 사는 다큐멘터리를 보았다. 부모님의
사랑을 듬뿍 받은 막내딸은 아버지의 건강이 나빠지자 바다가
보이는 경치 좋은 곳에 집을 지어 아버지를 모시고 살고 있었
다. 이제는 노인이 노인을 모시고 사는 시대이다 보니 새삼 놀
랄 일도 아니지만, 아버지가 104세나 되셨으니 딸이 많이 힘들
겠다는 생각이 들었다.

할아버지는 몸이 조금 불편하시고 귀가 잘 안 들리셔서 대
화에 어려움은 있지만, 그 연세에도 불구하고 정신은 매우 맑

으셨다. 지금도 딸의 행동이 마음에 안 들면 쓴소리를 하셨는데, 그게 잔소리가 아니라 진정 필요한 가르침이었다. 딸도 아버지의 쓴소리를 진심으로 고맙게 받아들였다.

연세가 있으셔서 몸이 불편하시지만 속옷을 갈아입으실 때는 딸도 물리치시고 반드시 혼자 갈아입으셨다. 어쩌다 식사준비가 늦어져도 딸에게 보채거나 짜증을 내시기보다는 내색하지 않고 기다리셨다가 정말 맛있게 드셨고, 드신 후에는 고맙다는 인사를 꼭 하셨다. 손주들이 와서 절을 하면 함께 맞절을 하시면서 찾아와준 것에 고마움을 표현하시고, 이웃이나 누군가가 방문을 하면 웃음으로 맞이하시고 절대로 반말을 하지 않으시며 고맙다는 인사를 하셨다. 게다가 딸을 즐겁게 해주기 위해 자주 농담도 건네셨다.

TV를 보는 내내 참 멋진 어르신이라고 생각했다. 그 연세에 자식에게 폐를 안 끼치려고 노력하는 모습, 남에 대한 배려와 고마움이 몸에 배어 있는 모습이 무척 존경스러웠다. 그야말로 아버지와 딸이 함께 늙어가면서 서로 의지하는 '상생(相生)'의 모습이었다.

만약 아버지가 항상 자신이 먼저이고 자기방식만을 강요했다면 딸이 지금처럼 기꺼이 아버지를 모실 수 있었을까? 자신도 늙어가는 중년의 자녀 입장에서는 힘들고 지쳐서 솔직히 빨리 돌아가시기만을 기다렸을 것이다. 그래서 아버지가 많이 편찮으시지 않기를, 좀 더 함께 하기를 기원하는 딸의 기도를 들으면서 역으로 아버지가 얼마나 많이 노력하고 계신지를 알 수 있었다. '노력하는 부모는 아름답다.'는 모든 연령대의 부모에게 해당되는 말이다. 이 어르신은 젊어서부터 타인을 배려하기 위해 많은 노력을 하셨기 때문에 노년에도 이런 멋진 모습을 보이실 수 있는 것이다. 현재의 모든 결과는 이전의 과정들이 누적되어서 만들어지는 거니까.

노년학자인 리카드(Riechard) 등에 의하면 젊어서부터 어떤 삶을 살았는지가 누적되어 노년이 되면 전형적인 유형으로 나타난다고 했다(Riechard, Livson & Peterson, 1962)*. 그 중에 성숙형은 노화를 수용하고 생에 대해 감사하는 자세를 가지면 서 대인관계와 일상생활에 만족하면서 살아가는 유형이다. 앞에 예를 든 어르신의 경우가 이 성숙형에 속한다고 할 수 있다. 반대로 분노형은 자신의 삶에 만족하지 못하고 불만에 가득 찬 유형으로, 불만의 원인을 자신이 아니라 다른 데로 책임을 돌리거나 남의 탓을 한다. 매사에 부모를 탓하거나, 배우자를 탓하거나 또는 자녀를 탓해서 가족들과 많은 갈등을 겪으며, 그로 인해 노인 자신도 불행하고 주위 사람들까지 불행하게 만든다. 따라서, 성숙형에서는 고마움이나 남에 대한 배려

---

* 다섯 가지 유형이 있는데, 이외의 세 가지 유형에는 은둔형, 무장형, 자학형이 있다. 은둔형은 은둔 자체를 바라고 기대했던 경우로, 복잡한 대인관계와 사회활동에서 해방된 것을 다행스럽게 여기면서 홀로 있는 것을 즐기는 유형이다. 무장형은 노년기의 수동적인 면과 무기력함을 수용할 수 없어서 계속 활동하면서 노화 자체를 거부하는 유형이며, 자학형은 인생 실패를 애통해하지만, 그 원인을 자신에게 돌리고 자신을 책망하는 유형이다. 이 경우 나이가 들수록 우울증에 걸릴 확률이 높고, 심한 경우 자살을 기도하기도 한다.

는 전혀 찾아볼 수 없다.

그런데 주위를 둘러보면 안타깝게도 성숙형의 어르신보다는 분노형의 노인을 더 많이 보게 된다. 자신도 불행하고 자식들도 불행하게 만드는 분노형이 아니라, 자신도 행복하고 아래 세대에게도 모범이 되는 성숙형이 되려면 여러 방면에서 많은 노력이 필요하겠지만, 중년인 지금부터 타인을 배려하며 매사에 감사하는 마음을 갖고 긍정적으로 활기차게 생활해야 한다. 그러다 보면 앞의 사례처럼 나잇값을 하는 멋지고 존경받는 어르신이 될 수 있을 것이다.

앞 사례의 어르신을 보면서 필자의 입에서 "딸이 참 복이 많네."라는 말이 저절로 나왔다. 부모가 하는 행동은 결국 자식의 '복'이 된다. 자식의 '복'을 바라지 않는 부모는 없을 것이다. 그렇다면 이제부터 아주 사소한 것부터 실천해보자. 하루를 마감하면서 '오늘 하루 감사했던 다섯 가지'를 생각하는 습관을 들인다. 처음에는 다섯 가지를 찾아내는 게 매우 어렵지만 습관이 되면 쉽게 찾을 수 있다. 감사했던 것을 찾다보면 아주 사소한 것에도 의미를 부여하게 되고 욕심을 버릴 수 있으며, 주위 사람들에게 감사하게 되고 하루를 무사히 보낸 그 자체만으로도 고마움을 느끼게 된다. 마음을 고마움으로 가득 채우게 되면 나 자신도 행복하고 그로 인해 가족들, 그리고 주위사람들도 행복한 미소를 지을 수 있게 된다.

덧붙여 '자녀 때문에' 섭섭하거나 화가 나면 한숨돌리고 '자녀 덕분에' 고마운 점을 찾아본다. 그리고 그 고마움을 자녀들에게 전해보자. 그러면 자녀들의 얼굴에 미소가 번질 것이다. 내가 사랑하는 가족들을 웃음 짓게 할 수 있음이 얼마나 고마운 일인가! 가족을 웃음 짓게 하는 힘은 바로 내 안에 있다. 그렇게 중년을 지내다 보면 먼 훗날 아름다운 나의 노년과 복 있는 내 자식들이 기다리고 있지 않을까?

칭찬과
감사의 힘

🌿 최숙자 씨는 아들 부부와 함께 산다. 마을버스에서 옆집 며느리가 아침 일찍 출근하는 것을 보면서 "어휴, 팔자 좋은 우리 며느리는 아이 끼고 만날 늦잠이나 자는데."라고 혼잣말을 하신다.

김영숙 씨 역시 아들 부부와 산다. 아침 일찍 길을 나섰는데 갑자기 비가 오기 시작했다. 김영숙 씨는 "창문을 열어두고 나왔는데, 어쩌지? 우리 며느리가 어제 아이들 때문에 못 자고 이제야 겨우 잠든 것 같던데. 전화하면 깰 텐데." 하며 잠이 부족한 며느리를 안쓰러워하고 걱정하신다.

자신보다 늦게까지 자고 있는 며느리의 상황을 최숙자 씨와 김영숙 씨는 다르게 받아들이고 있다. 최숙자 씨는 며느리를 부정적으로, 김영숙 씨는 긍정적으로 생각하신다. 평소에 김영숙 씨는 "고마워.", "잘했구나." 같은 칭찬과 감사의 말을 하는 반면에 최숙자 씨는 며느리에 대해 항상 "이것도 못하고.", "왜 그 모양이니?" 등 불평과 험담을 하신다.

일반적으로 나이가 들수록 고집이 세지고 의심이 많아진다고 한다. 칭찬보다는 험담을 하고 자신의 생각만 고집하며, 자신과 다를 경우에는 불평을 한다. 이렇다 보니 젊은 사람들은 나이 든 사람을 꺼리게 된다.

따라서 나이가 들수록 긍정적인 사고를 하고 서로 다름을 인정하며 여유를 갖기 위해 노력해야 한다. 이렇게 하다 보면 웃을 일도, 칭찬할 일도, 감사할 일도 많아진다. 또한 자연스럽게 자녀들과의 관계도 좋아진다.

바야흐로 100세 시대이다. 노년기로 오랜 세월을 살아야 하는 만큼 자녀나 부모의 일방적인 의존이나 희생이 아니라 가족원들 간의 상호 호혜성이 필요하다. 노부모라고 일방적으로 자녀에게 받으려고 하면 자녀와 갈등만 생기게 될 것이다. 부모세대는 나이가 들면 자녀에게 줄 수 있는 자원이 점차 감소하게 된다. 그러나 칭찬과 감사는 거꾸로 얼마든지 키울 수 있는 자원이고, 마음만 먹으면 자녀에게 언제든지 줄 수 있는 소중한 자원이다. 중년기부터 칭찬과 감사의 마음을 계속 표현하다 보면 노인이 되어서 가족관계도 돈독해지고 서로에게 힘이 되는 윤활유가 될 것이다. 지금부터라도 칭찬과 감사를 표현해본다.

배우자에게는

"당신이 있어서 행복해요. 함께 해줘서 고마워요."

며느리가 해준 음식을 먹을 때에는

"아가야, 이 음식이 너무 맛있구나. 어쩜 이렇게 음식을 잘 했니?"

아들에게도

"오늘 입은 그 옷이 정말 잘 어울리는구나."

친구에게는

"친구야, 이렇게 함께 이야기를 나눌 수 있어서 감사하네."

나 자신에게는

"이렇게 고마운 마음을 표현할 수 있게 해주셔서 고맙습니다."

타인들의 모습을 인정하고 있는 그대로 받아들이며 장점을 찾으려고 노력하다 보면 칭찬과 감사가 익숙해지고 나의 마음도 풍요로워진다. 그러다 보면 매일 아침에 눈을 뜨고 살아 있음에 감사하는 노년기를 맞이하게 될 것이다. 지금부터라도 칭찬과 감사의 마음을 표현하도록 노력해보자.

죽음에

대하여

최선 씨에게 대장암 말기 진단은 마른하늘에 날벼락과 같았다. 평소에 웬만한 거리는 자전거로 다니고 등산도 열심히 해서 건강만큼은 자신이 있었기 때문에 그와 가족이 받은 충격은 너무 컸다. 진단을 받고 난 뒤, 항암치료뿐만 아니라 몸에 좋다는 치료들은 다 해보았지만 그의 건강은 급속도로 악화되었다. 죽음을 부정하는 최선 씨 앞에서 가족들은 어느 누구도 죽음과 관련된 말을 감히 할 수 없었다. 1년 정도의 투병생활 끝에 최선 씨는 생을 마감했다. 그러나 남은 가족들은 그의 죽음을 충분히 애도할 수가 없었다. 장례 절차와 유산 분배 등에 대한 의견 충돌로 서로 등을 돌리게 되었기 때문이다.

예전에는 윤년이나 윤달에 수의를 준비하거나 영정사진을 미리 찍으며 부모님이나 자신의 죽음을 준비하기도 했다. 그러나 요즘에 수의는 바로 구입이 가능하고 영정사진 역시 찍었던 사진 중에서 가장 행복한 표정의 사진이나 파일로 대신하기 때문에 이를 미리 준비하는 사람은 거의 없다. 이렇듯 죽음에 대한 준비나 가족간에 대화를 하지 않다 보니 죽음이 닥치면 가족들은 당황하게 된다.

사람들은 죽음이 모든 문제를 해결해 주거나 마지막일 줄 알지만 오히려 많은 것을 결정해야 하는 어려움과 또다른 문제를 낳기도 한다. 예를 들면 '화장으로 할 것인가 아니면 매장 또는 수목장으로 할 것인가, 종교의식으로 장례를 치를 것인가 아니면 전통방식으로 치를 것인가, 유산은 어떻게 처리할 것인가' 등 매우 많은 결정을 해야 한다.

장례방식, 유산 등 죽음과 관련된 많은 일들은 당사자가 말을 하지 않으면 자녀들이 먼저 이야기를 꺼내기는 어렵다. 따라서 본인의 죽음에 대해 한번쯤은 구체적으로 생각해보고 정리하여 가족과 함께 이야기해보는 시간이 필요하다. 이렇게 가족과 죽음에 관한 이야기를 하게 되면 가족들은 죽음을 맞이했을 때 당황하지 않고 고인의 뜻에 따라 잘 대처할 수 있게 되며 가족간에 갈등도 생기지 않는다.

　죽음에 대해 구체적으로 생각해 보는 것은 가족뿐만 아니라 자기 자신에게도 바람직하다. 의식이 없는 상황에서의 연명치료나 장기기증, 장례 방식과 유산 상속 등 죽음에 대한 생각을 정리해봄으로써 본인도 죽음에 대한 두려움을 줄일 수 있고 보다 편안하게 죽음을 맞을 수 있게 된다. 이러한 시간을 통해 자신을 돌아보고 소중한 것이 무엇인지를 깨닫게 되어 현재의 삶을 더욱 알차게 살 수 있을 것이다. 이현주

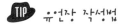 **유언장 작성법**

유언장은 다음과 같이 작성한다. 이 중에서 1번 문항은 반드시 들어가야 공식적으로 인정받을 수 있다.

1. 개인신상정보(성명 및 도장 날인, 주민등록번호, 주소, 작성일, 작성 장소)
2. 임종 방식 및 임종 장소
3. 장례 방식
4. 유산 상속
5. 금융 정보
6. 가족들에게 남기고 싶은 말

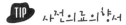 **사전의료의향서**

사전의료의향서는 살아날 가능성이 없는 상태에서 인공호흡기 등을 통해 치료를 계속하는 연명 치료에 대한 자신의 의사표현을 미리 하는 것이다.
문의처 : 사전의료의향서실천모임 (02-2228-2670)

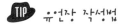 **장기기증**

장기기증은 다른 사람의 장기 등의 기능회복을 위하여 대가 없이 자신의 특정한 장기 등을 제공하는 행위를 말한다.
문의처 : 질병관리본부 장기이식관리센터(www.konos.go.kr)

중·노년기의 특성과 발달과업

중·노년기의 특성과 발달과업

1. 중·노년기 성격의 특성

1) 중년기 성격의 특성

① 신체에 대해 민감한 반응을 보인다. 이는 원시, 흰머리, 피부 노화, 갱년기 증세 등의 다양한 신체적 노화를 경험하게 되면서 나타난다. 이러한 경향이 지나치면 신경증의 일종인 건강염려증이 나타나게 된다.

② 시간 전망의 변화(changing time perspective)를 경험하게 된다. 중년기가 되면 부모나 형제, 친구 등의 죽음을 겪게 되면서 '죽음'을 현실적으로 인식한다. 이를 통해 지금까지 한 살씩 나이를 더하는 방식(time-since-birth)이 아닌 죽음의 순간에서 한 살씩 빼는 방식(time-left-to live)으로 남은 나이를 계산하게 된다. 이는 지금까지 남의 일로만 생각했던 죽음이 자신에게 임박한 현실임을 깨닫게 되는 것으로, 해가 바뀔 때마다 인생이 조금씩 잘려나감을 감지하게 됨을 의미한다.

③ 자기 이해의 수단으로 삼면경(three way mirror)을 사용한다. 즉, '자녀'를 통해서 자신의 과거를, '노부모'를 통해서 자신의 미래를, 그리고 현재의 '자신'을 통해서(이 세 가지의 삼면경으로) 자신을 통합적으로 보게 되면서 자신이 중년기에 와 있음을 인정하게 된다.

④ 중심성 경향(central tendency)이 나타난다. 중년기에는 자기 직업에 대해 자신감이 넘치는 시기로 남의 지도없이 업무를 처리할 수 있는 '전문가'라는 확신을 갖게 된다.

⑤ 내향성이 증가하게 된다. 모든 사고와 행동에 있어 내향성(Introspection)을 중시하여 외부의 시선이나 영향력에 치중하기보다 자신의 오랜 경험에 비춘 내면의 소리에 귀를 기울이게 된다.

2) 노년기 성격의 특성

① 우울증(depression)이 증가하게 된다. 이는 신체적 질병, 배우자의 죽음, 경제사정의 악화, 일상생활에 대한 자기통제 불능, 사회와 가족으로부터의 소외, 지나온 세월에 대한 회한 등 노화에 따른 다양한 스트레스로 인해 발생한다. 심하면 불면증, 체중 감소, 강박증, 증오심 등의 증세를 보이기도 한다. 그러나 모든 노인들이 경험하는 것은 아니며, 스트레스 수준보다 적응능력이 더 높을 경우에는 경험하지 않는다. 따라서, 관계망 확대와 친밀감 유지, 건강관리 등 다양한 방면에서 적응능력을 높일 필요가 있다.

② 수동성이 증가한다. 연령이 높아질수록 모든 문제를 자기 스스로 적극적으로 해결하는 능동성은 감소하고 누군가의 도움을 받아 해결하려는 수동성, 혹은 적극적으로 노력이나 시도를 하지 않은 채 오로지 신비나 우연(점, 미신 등)에 맡겨서 해결하는 신비적 조절이 증가하게 된다. 능동성은 자아가 강력하게 작용하는 데 반해, 신비적 조절은 자아가 제대로 작용하지 못한다.

③ 경직성(rigidity)이 증가한다. 새로운 변화를 시도하기보다는 과거 자신이 해왔던 안전한 방법을 고수한다. 젊은이들 입장에서 보면 융통성이 없고 답답하게 느껴지기도 하여 세대 간의 갈등을 낳기도 한다.

④ 조심성의 증가는 행동이 조심스러워지는 것을 의미한다. 이는 시각, 청각 등 감각능력의 쇠퇴를 비롯한 신체적·심리적 기능이 떨어져 어쩔 수 없이 조심스러워진다는 결과가설과 노인 스스로 의지로써 정확성을 더욱 중시하기 때문이라는 동기가설 등으로 설명한다. 이런 조심성의 증가는 새로운 사업을 시작할 때 머뭇거리고 결정을 못 내리거나 자녀세대의 새로운 도전에 대해 불안해하는 등 생활의 다양한 측면에서 발견된다.

⑤ 성역할의 변화로, 나이가 들면 남녀의 성역할이 변화되는 경향이 있다. 일반적으로 남성은 수동성이 증가하고 친화성과 섬세함을 보이는 반면, 여성은 공격적이고 자기주장이 많아진다. 이는 노년기가 되면 일생 동안 자신에게 억제되었던 성역할의 방향으로 전환됨을 의미하는 것으로, 노년기 이전에 양성적인 성역할을 수행했던 사람들은 이런 변화를 겪지 않을 수도 있다.

⑥ 친근한 사물에 대한 애착심을 갖게 되는데, 노인이 되면 오랫동안 사용하던 물건이나 대상에 대한 애착심이 증가하게 된다. 이런 대상이나 물건을 통해 과거를 회상하면서 마음의 안정을 찾을 수 있다. 또, 세상이 급격하게 변해도 자신과 자기 주변은 변하지 않는 것으로 여기려는 경향이 반영된 것이다. 자녀들이 집안의 고물들을 버리려고 하면 노부모들이 한사코 버리지 못하게 하면서 갈등을 겪는 이유이다.

⑦ 유산(legacy)을 남기려는 경향이 있다. 노년기가 되면 삶의 유한성(죽   음)을 인식하게 되면서 자신이 이 세상을 다녀갔다는 흔적을 남기려는 욕망이 커진다. 어떤 이들은 '돈'을 자식에게 물려주거나 어떤 이들은 재산을 사회에 기부하는 등 다양한 방법으로 나타난다.

⑧ 노년기가 되면 의존성이 증가하게 되는데, 의존성에는 경제적 의존성, 일상생활의 불능이나 거동의 불편 등으로 인한 신체적 의존성, 기억이나 판단력 감퇴로 인한 정신능력의 의존성, 사회적 역할 및 활동의 상실에 의한 사회적 의존성과 심리·정서적 의존성 등이 있다. 이러한 의존성이 심해지면 스스로 독립적인 생활이 불가능해지고 누군가에게 짐이 되는 삶을 살 수밖에 없으므로 될 수 있으면 의존성이 늦게 나타나도록 건강관리, 학습참여, 사회적 교류 등 다양한 노력을 해야 한다.

2. 중·노년기 발달과업

1) 중년기 발달과업

(1) 에릭슨(Erikson)
① 배우자와 새로운 만족을 증진시킨다.
② 배우자와 한 인간으로서 관계를 맺는다.
③ 자녀가 사회적으로 성숙하고 책임감을 갖도록 도와준다.
④ 만족을 얻을 수 있는 일을 찾는다.
⑤ 증가한 여가시간을 생산적이고 만족스럽게 활용한다.

(2) 하비거스트(Havighurst)
① 중년기의 생리적 변화를 인정하고 그에 적응한다.

② 성인으로서 사회적 책임감을 성취한다.

③ 직업적 경력에 있어서 만족할 만한 성과를 거두고 유지한다.

④ 배우자와 인격적으로 결합한다.

⑤ 자녀들이 책임감 있고 행복한 성인이 되도록 도와준다.

⑥ 여가생활을 열심히 한다.

⑦ 연로한 부모에 적응한다.

(3) 펙(Peck)

① 중년기에 경험하게 되는 체력 저하를 보완하기 위해 체력이나 신체적 강점보다는 인생의 경험으로부터 획득한 지혜로 정신력을 강화한다.

② 체력 저하에 따라 성기능도 감퇴하므로, 배우자와의 관계를 동료로서의 상호관계로 재정의하여 성기능 저하에 따른 위기를 극복한다.

③ 부모나 친구의 사망, 자녀의 독립 등으로 애정의 대상을 점차 상실해가는 시기이므로 다양하고 개방적인 대인관계를 통해 애정 대상 상실에 따른 위기를 극복한다.

④ 과거의 고정된 관념이나 경험에 사로잡혀 판단과 사고의 고정화를 초래하지 말고 융통성과 개방성으로 새로운 변화를 수용하여 정신적 경직화를 방지한다.

(4) 레빈슨(Levinson)

레빈슨은 중년기에 가져야 할 마음의 자세로 4가지의 양극성의 통합을 주장한다.

① 젊음과 노화

젊음은 탄생, 성장, 가능성, 봄, 힘 등을 뜻하며 노화는 결실, 종말, 황혼, 겨울, 완수 등을 뜻한다. 젊음은 무한성으로 노화는 유한성으로 요약할 수 있다. 무한성에 대한 욕구와 함께 후손에 남길 가치있는 유산을 창조하고자 하는 소망은 중년기를 보다 풍요롭게 할 수 있다. 이는 자신의 내부에 존재하는 젊음의 상징적 사망을 수용하면서 노화에 대한 긍정적인 의미도 발견해야 함을 의미한다. 또한 늙음을 부정적으로 인식하지 말고 수용해야 함을 말한다.

② 남성성과 여성성

성별분리적인 사고에서 벗어나 남성성과 여성성을 통합해야 함을 의미한다. 즉, 지금까지 남성의 일, 여성의 일로 분리해서 사고하고 생활했던 것에서 벗어나 남성도 집안

일을 얼마든지 할 수 있고, 여성도 적극적으로 문제해결을 하고 타인 의존적인 생활에서 벗어나야 함을 말한다. 이렇게 남성성과 여성성이 통합될 때 부부가 상호평등한 관계로 발전할 수 있다.

③ 애착과 분리

애착은 개인의 주된 관심이 외부세계에 대한 적응이나 참여, 정복에 있는 경우이고, 분리는 외부세계에 대한 적응이 아니라 자신의 내적 세계에 주된 관심이 있음을 의미한다. 중년기가 되면 지금까지 애착에 급급했던 삶에서 벗어나 내면의 소리나 자아의 중요성도 인식해야 함을 말한다. 즉, 사회의 인정, 소유물, 외적 보상 등에 가치를 두기보다는 자신의 존재 그 자체에 관심을 가져야 한다는 것이다. 이렇게 할 때 자아의 내면적 욕구와 사회의 기대 사이에서 균형을 찾게 되어 보다 독립적인 개인으로 성장할 수 있다.

④ 파괴와 창조

자신의 부정적인 측면이나 허물, 감추고 싶은 것 등에 대한 진정한 반성과 수용을 통해 새로운 것을 창조해야 함을 말한다. 즉, 지금까지의 자신의 부정적인 것들을 받아들임으로써 진정한 자신을 발견할 수 있으며, 그렇게 할 때 비로소 새로운 것을 창조할 수 있게 됨을 의미한다. 그 새로운 것은 남과 함께(with other), 그리고 남을 위한 것(for other)일 때에 더 큰 의미가 있다.

(5) 굴드(Gould)

각 인생주기별로 그릇된 가정의 극복을 통해 성장할 수 있음을 주장하면서 중년기에 극복해야 할 가정들을 다음과 같이 들고 있다.

① '안전(safety)은 영원히 지속될 것이다'라는 가정을 극복해야 한다. 중년기가 되면 자신을 보호해준 노부모가 계속해서 자신을 보호해 주고, 의존적인 자녀가 계속해서 의존적일 것이라는 가정을 극복해야 한다. 연로한 노부모는 의존적이 되고, 성인이 된 자녀는 부모에게서 독립하게 됨을 수용해야 한다.

② '사망은 내 가까운 사람에게는 발생할 수 없다'는 가정을 극복해야 한다. 삶은 유한하므로 부모나 친구 등 주변의 가까운 사람이 사망할 수 있음을 수용해야 한다. 이는 나 자신의 죽음에 대한 수용을 의미하며, 이런 과정을 통해 진실된 자아를 찾는

성숙한 성인이 될 수 있다.

③ '보호자 없이 살아간다는 것은 불가능한 일이다' 라는 가정을 극복해야 한다. 특히 여성의 경우 자립이나 권력에 대한 갈망이 성장과정에서 억압되어 왔지만, 중년기에는 이러한 욕구가 사회활동, 종교, 친구관계의 몰입 등으로 나타나 새로운 자아를 확인할 수 있게 되어 독립적인 인간으로 성장할 수 있게 된다.

④ '현재의 가족을 떠난 나의 생활은 있을 수 없다' 는 가정을 극복해야 한다. 이제껏 부부는 한 인간이기 이전에 아내, 남편, 자녀들의 부모, 생계책임자라는 왜곡된 상호관계를 유지해왔지만, 중년기가 되면 인간성에 근거한 우정과 동료의 관계로 발전시켜야 한다. 부부가 모두 자아에 충실한 인간성을 회복해 우열이나 자기희생의 관계가 아닌 진정한 평등의 관계로 탈바꿈해야 한다. 이렇게 변화하지 못하면 최근 사회문제가 되고 있는 '황혼이혼' 을 겪게 될 수도 있다.

⑤ '나는 깨끗하고 순수하다' 는 가정을 극복해야 한다. 중년기는 겉으로는 균형이 잡힌 듯 보이지만, 내면에는 분노, 미움, 질투, 탐욕 등의 감정이 여전히 자리잡고 있다. 이러한 부정적 감정을 수용하고 이를 적절히 다루고 활용한다면 중년기 개인의 생활이 보다 풍부해질 수 있다. 즉, 자신의 성장과 변화를 위해서는 이런 내면의 부정적인 감정을 수용해야 한다.

2) 노년기 발달과업

(1) 하비거스트(Havighurst)의 발달과업
① 신체적 능력과 건강이 쇠퇴되는 것에 적응한다.
② 정년퇴직과 경제적 수입 감소에 적응한다.
③ 배우자의 죽음에 적응한다.
④ 동년배 집단과의 유대관계를 강화한다.
⑤ 사회적 역할, 즉 가족, 지역사회활동, 취미활동 등에 융통성 있게 적응한다.
⑥ 일상생활에 필요한 물리적 환경을 조성한다.

(2) 김종서 등의 발달과업

지적 영역

① 세대 차이와 사회변화를 이해한다.

② 은퇴생활에 필요한 지식과 생활에 대해 배운다.

③ 정치, 경제, 사회, 문화의 최신 동향에 대해 안다.

④ 건강 증진을 위해 폭넓은 지식을 갖는다.

정의적 영역

① 적극적으로 일하고 생활하려는 태도를 유지한다.

② 취미를 살리고 여가시간을 즐겁게 보낸다.

③ 정년퇴직과 수입 감소에 적응한다.

④ 소외감과 허무감을 극복하고 인생의 의미를 찾는다.

⑤ 배우자 사망 후의 생활에 적응한다.

⑥ 동료 또는 자신의 죽음에 대하여 심리적으로 준비한다.

사회적 영역

① 동년배 노인들과 친교를 유지한다.

② 가정과 직장에서 일과 책임을 합당하게 물려준다.

③ 가정이나 사회에서 어른 구실을 한다.

④ 자녀 또는 손자들과 원만한 관계를 유지한다.

신체적 영역

① 떨어지는 체력과 건강에 적응한다.

② 노년기에 알맞은 간단한 운동을 규칙적으로 한다.

③ 건강유지에 필요한 알맞은 섭생을 한다.

④ 지병이나 쇠약에 대해 바르게 처방한다.

3. 노년기의 적응

1) 은퇴 후 적응 유형(Reichardo, Livson & Peterson)

(1) 성숙형(the matured)

늙어가는 자신을 수용하고, 생에 대해 감사하는 자세를 지닌다. 일상생활과 대인관계, 사회생활에 만족하면서 매우 활동적이다. 자신의 삶 속에서 실패와 불행보다는 성공과 행복에 더 큰 비중을 둔다.

(2) 은둔형(the rocking-chair man)

일생 지녔던 무거운 책임을 벗어던지고 복잡한 대인관계와 사회활동에서 해방된 것을 다행스럽게 여기는 사람들이다. 따라서 사회생활에 매우 수동적이다. 흔들의자에 앉아서 편히 쉬는 것을 원하는 유형이다.

(3) 무장형(the armored)

노년기의 수동적인 면과 무기력함을 수용할 수 없어서 사회적 활동 및 기능을 계속 유지하는 사람들이다. 이들은 계속적인 활동으로 노화를 거부하려고 한다.

(4) 분노형(the angry man)

인생 목표를 달성하지 못하고 늙어버린 것에 대해 비통해하는 사람들이다. 인생 실패를 시대 탓, 경제사정 등으로 생각하거나 자신이 아닌 남의 탓으로 돌린다. 또한 자신이 늙어가는 것을 수용하지 못하여 노화에 쉽게 적응하지 못한다.

(5) 자학형(the self-haters)

자신의 인생이 실패했다고 애통해하는 사람들이나 '네 탓이오'의 분노형과 달리 인생 실패의 원인을 자신에게 돌리고 자신을 책망한다(내 탓이오). 나이가 들수록 우울증에 걸릴 가능성이 높고 심한 경우 자살을 기도하기도 한다.

위의 다섯 가지 유형 중 성숙형, 은둔형. 무장형은 비교적 잘 적응한 경우이고, 분노형, 자학형은 부적응의 대표적인 예라고 할 수 있다. 이러한 적응 유형은 노년기에 갑자기 나타나는 것이 아니라 일생을 통한 성격과정의 결과로서 나타나게 된다.

2) 노년기 인간관계

본문에서 중·노년기의 부부관계와 부모자녀관계에 대해 주로 다루었으므로 여기에서는 노년기의 형제자매관계, 손자녀와의 관계, 친구관계에 대해 다루고자 한다.

(1) 노년기 형제자매관계의 특성

① 혈연적 유대를 바탕으로 오랜 기간 문화를 공유하였으므로 독특한 감정이입 능력을 갖는다. 즉, 장기간의 그들만의 역사 공유는 어린 시절에 대한 회상을 함께하게 함으로써 자긍심을 갖게 하는데, 이는 노년기 적응에 도움을 준다.

② 아동기와 성인기를 함께한 가족정체감의 공유는 노년기 형제간의 긴밀한 유대와 상호의존성을 증가시킨다. 과거의 추억을 함께 나눌 수 있어서 편안함과 위안을 얻을 수 있다.

③ 형제자매관계는 비슷한 연령의 같은 세대로, 상호동일시나 감정이입이 보다 용이한 결속력이 높은 우정의 관계이다. 특히 나이 차이가 거의 없는 형제자매는 노년기에 친구와 같이 든든한 지지자가 된다.

④ 노년기에는 연령이 증가함에 따라 형제자매에 대해 친밀감과 일치감, 감정적 지원 등의 긍정적인 감정은 증가하는 반면에 부정적인 감정은 줄어든다.

⑤ 노년기의 형제관계는 유용한 사회화 도구이다. 특히 사별이나 은퇴와 같이 어려운 사건을 겪게 될 때에 성공적인 모델이 되며, 새로운 규범과 가치에 대한 옳고 그름의 안내자로서의 역할을 한다.

(2) 조부모와 손자녀관계

조부모와 손자녀관계 유형(Neugarten, Weinstein)

① 공식적인 형 : 손주 양육에는 관여하지 않고 오직 주어진 조부모 역할만 수행하는 조부모

② 기쁨추구형 : 손자녀와 놀아주는 것을 낙으로 삼는 조부모

③ 대리부모형 : 부모 대신 육아를 담당하는 조부모

④ 지혜원천형 : 가족 안에서 최고 권위를 유지하며, 가족 내의 지혜의 원천 으로 젊은 세대의 복종을 요구하는 조부모

⑤ 원거리형 : 공식적인 가족모임 이외에는 전혀 관여하지 않는 조부모

조부모와 손자녀의 상호작용에 영향을 주는 요인

① 조부모 및 손자녀의 연령 : 손자녀의 연령 증가에 따라 일반적으로 조부모와의 상호작용은 줄어든다.

② 성별 : 대부분 조모와의 관계, 특히 외조모와 외손녀 간의 관계가 친밀하다.

③ 부모의 태도 : 부모는 손자녀와 조부모를 연결하는 중간 고리로 부모의 조부모에 대한 감정이 손자녀의 조부모에 대한 태도에 영향을 미친다. 즉, 생활 속에서 부모의 조부모에 대한 태도가 무의식적으로 손자녀에게 학습되고 이는 조부모와의 상호작용에 영향을 미치게 된다.

④ 동거 여부 : 조부모와 동거하는 손자녀들은 일반적으로 노인에 대한 편견이 적다.

⑤ 접촉 정도 : 조부모와의 잦은 접촉은 손자녀의 조부모에 대한 친밀감을 높인다.

이 외에 조부모의 건강 상태, 교육 수준, 사회경제적 지위, 모의 취업 여부 등에 따라 조부모와 손자녀의의 상호작용은 달라진다.

(3) 노년기 친구관계

① 친구관계는 의무가 아닌 자발적 선택에 의해 발전되는 관계로, 수평적인 관계를 지향한다. 따라서 노년기에도 지속되는 친구관계는 서로에게 지지가 되고 많은 도움이 된다.

② 친구관계는 비슷한 가치, 취미, 생활방식, 경험을 소유할 가능성이 많기 때문에 노인들에게 중요한 심리적 자원으로 기능한다.

③ 노년기의 친구관계는 유용한 사회화 도구이다. 변화된 역할, 새로운 역할을 학습하고 사회화하는 데 매우 유용한 자원이 된다. 예를 들어 사별과 은퇴 시에 성공적인 노화의 모델이 될 수 있다.

④ 친구는 자아가치의 재확신과 자아검증을 위한 수단으로 기여한다. 부정적인 자기평가로부터 보호해주며 자신을 능력 있고 이 사회에 필요한 사람으로 여기게 하는 힘을 제공한다.

노년기의 친구로부터 가장 빈번히 제공되는 지원은 친밀감과 동료애, 편안함이다. 이는 노인의 사기를 높이고, 긴장과 걱정을 완화하여 노인의 정신건강을 증진시킨다. 또한 친구관계는 가족으로부터의 정서적 지원과 사회적 활동 지원이 약할 경우에 노인의 생활만족도에 가장 큰 영향을 미치는 것으로 나타나 친구관계가 노년기의 삶의 질에 매우 중요한 위치를 차지한다고 하겠다.

4. 새롭게 생각하는 노년기 : 제3기 인생

영국의 사회철학자인 라스렛(Laslett)은 인생주기를 4단계로 구분하여 3기 인생의 중요성을 강조하였다. 1기 인생은 출생부터 직업을 얻기 위해 교육을 끝내는 시기이고, 2기 인생은 취업하여 경제적으로 독립하고 결혼하며 퇴직할 때까지이다. 3기 인생은 퇴직 후 건강하게 지내는 시기이며, 4기 인생은 신체적 또는 정신적으로 쇠약해지거나 건강이 약해져 독립적으로 생활하기 어려운 시기이다.

따라서 3기 인생의 시기를 될 수 있으면 길게 늘려야 하며, 건강을 잘 유지해온 사람들은 90대까지도 이 시기에 해당될 수 있다. 3기 인생에서의 발달과업은 자기성취인데, 이는 자신이 계획하고 원하는 삶을 살고 그 삶에 만족을 느끼는 것을 말한다. 즉, 이 시기가 되면 인생을 어느 정도 경험했고 자기 적성도 충분히 파악하였으므로 진정 자신이 원하는 인생을 계획하여 살 수 있어야 함을 의미한다. 한편 새들러(Sadler)는 이 시기의 인생과업을 제2의 성장(the second growth)으로 설명하면서 제2의 성장을 위해서는 다음과 같은 노력이 필요함을 제시하였다.

① 습관적인 생활태도를 점검한다. 자신이 버리거나 고쳐야 할 태도와 생활양식을 개선한다.

② 긍정적인 사고와 태도를 가진다. 나이에 관한 고정관념을 버리고 자신의 강점과 바람직한 자질들을 강조하는 시각을 갖고 지속적인 성장을 추구한다.

③ 일에 대해 재정의하고 일과 여가의 조화를 꾀한다. 의미있는 일에 대해 생각해보고 늘어난 여가시간을 잘 활용하여 삶의 질을 높이도록 한다.

④ 자신과 타인에 대한 배려의 생활태도가 필요하다. 타인에 대한 배려가 있어야

나잇값을 하는 성숙한 인간이므로 가까운 곳에서 배려가 필요한 대상을 찾아 실천한다.

⑤ 개인의 자유와 친밀감을 조화시킨다. 친밀한 인간관계가 없으면 외로워서 인생이 허무해지므로 인간관계를 돈독히 하기 위한 노력이 필요하다. 그러나 '자신'은 없이 관계에만 몰입해서는 안 되므로 자신과 관계 간의 균형을 이루어야 한다.

에필로그

이 책은 중년의 가족학자 10명이 베이비부머 세대들과 '현재를 어떻게 살아가고, 미래에 어떤 꿈을 꾸며 살까?'에 대한 이야기들을 함께 나누고 싶은 마음에서 시작하였다. 지금의 베이비부머, 이들은 이전의 중년들과는 사뭇 다르다. 우리나라 경제성장의 주역이며, 민주화의 소용돌이를 직접 경험한 세대이다. 자녀의 교육에는 아낌없는 지원을 다했으며, 부모를 부양하는 마지막 세대인 그들이 은퇴를 시작하였다. 치열하게 살아온 지금까지의 이들의 삶이, 인생 후반부에는 어떤 것들이 기다리고 있을까? 중년이 단순히 노년으로 가는 징검다리는 아니다. 만개한 꽃처럼 인생의 정점을 찍는 지점이며, 가장 아름다운 이 시기를 어떻게 보낼지는 베이비부머들의 선택에 달려 있다. 그동안 일만 하며 달려왔다면 이제 더 늦기 전에 자신의 참모습을 찾고, 인생의 후배들에게 좋은 멘토도 되어 주며, 사람을 사랑하고, 새로운 기대나 꿈꾸는 것을 멈추지 않기를 기대한다. 박소현

세상에서 제일 소중한 금은 '지금(the present)'이라고 한다. '그때 알았더라면…….' 하고 후회하며 살기보다는 '지금'이 그때임을 깨닫고 싶다. 짧은 글이지만 인생 여정의 쉼표가 되었으면 좋겠다. 김순기

길고 긴 고민과 토론 끝에 드디어 빛을 보게 되는 이 책이 노년기를 준비해 나가는 중년의 걸음에 조금이나마 보탬이 되길 바란다. 박지현

끊임없이 세상과 접촉하며 노년에도 재미있게 살기 위하여 중년을 고민해 보자. 배선희

벌써 중년이다. 내겐 오리라 생각하지 않았던 중년이었는데. 지금 그 중년의 한복판에 서 있다. 중년을 어떻게 보낼지에 대해선 고민하지 못했다, 사느라 정신이 없어서. 하지만 노년기를 위해선 준비를 해야 할 것 같다. 인생의 마지막 부분인 그 시기를 어떻게 사느냐에 따라 내 인생 전체가 평가되고 또한 배우자와 자녀의 행불행에도 영향을 미칠 것이기 때문이다. 지금부터 미래를 위해 열심히 투자하면 길어진 노년기를 만족스럽게 보낼 수 있으리라는 믿음을 갖고 "앞으로 어떻게 살 것인가?"에 대한 고민 끝에 내린 내 나름의 생각을 글로 옮겨 보았다. 이제부터는 실천만이 남았다.

최근에 '흰머리 소녀(소년)'란 말을 자주 듣는다. 신체상 늙더라도 머리를 계속 쓰면 노년기에도 얼마든지 청년들처럼 뇌를 유지할 수 있다는 의미다. 베이비부머 세대들이 지금부터 이 책의 내용들을 곱씹으

면서 계속 공부하고 준비하여 노년기에 흰머리 소년·소녀로 당당하고 행복하게 살아가길 바란다. 송말희

평균 수명의 증가와 함께 인생 후반기가 인생 전체에서 차지하는 비중이 점점 증가하면서 베이비부머를 포함한 중년층의 노후준비의 필요성이 강조되고 있다. 기존의 베이비부머들을 위한 노후준비 지침서들은 대체로 경제적인 영역에 치중하고 있다. 하지만 이 책은 노년기를 성공적으로 보내기 위해서는 경제적인 측면뿐만 아니라 건강, 가족, 여가 등 다양한 분야에서의 통합적인 노력이 필요하다는 견지에서 노후 생애설계에 관한 지침을 제시하고 있다. 점점 길어지고 있는 노후를 어떻게 살아가야 할 것인지에 대해 걱정은 하면서도 그 방법을 몰라 막연한 불안감을 가지고 있는 베이비부머들에게 이 책을 권하고 싶다. 송현애

중년의 고민을 풀어보고 노년을 준비하는데 도움이 되고자 엮어본 정보와 팁들이 책을 접하는 사람들에게 작으나마 힘이 되길 바란다. 이현숙

어르신께 하고 싶은 말을 써보자면서 가벼운 마음으로 시작한 작업이었는데 꽤 오랫동안 의논과 수정을 거쳐 책으로 묶여 나오니 기쁘기도 하고 걱정스럽기도 하다. 내 글이 같은 고민을 하는 사람들에게 도

움이 되기를 바란다. 최희진

책 한 권이 인생을 변화시키지는 못하겠지만, 어떤 모습으로 노년을 맞이할 것인가를 생각해 보는 계기가 되기를 바란다. 한상금

중년기에 대한 새로운 시각의 필요성과 현실적인 어려움에 대한 인식에서 출발하였다. 여러 선생님들과 함께 중년기가 우리 삶에서 어떤 의미이고, 무엇이 문제이며, 건강하고 행복하게 살기 위해서 중년기 이후의 삶이 나아가야 하는 방향 등을 모색하면서 탄생하였다.

책을 준비하는 과정에서 좀 더 건강한 중년기를 맞이할 수 있는 방안들에 여러 가지 의견들이 나왔지만, 다음과 같은 주제들로 이 책을 구성하게 되었다. 궁극적인 삶의 행복은 현재 자신의 입장에서 자신의 문제를 바라보고, 과거와 미래를 통찰 할 수 있는 혜안이 필요하다. 이 책이 현재의 중년기 삶의 문제를 바라보고, 나아가야 할 방향을 모색하는데 조금이라도 도움이 되었으면 하는 바람을 가져본다. 황정해

참고문헌

건강·생활과학연구소 편(1996). 현대노년학. 숙명여자대학교출판부.

김명자(1998). 중년기 발달. 교문사.

김애순(2002). 성인발달과 생애설계. 시그마프레스.

임경수(2005). 인생의 봄과 가을. 학지사.

정옥분(2000). 성인발달의 이해. 학지사.

최성재(2007). 새로 시작하는 제3기 인생. 서울대학교출판부.

홍숙자(2001). 노년학 개론. 하우.

지은이

한국가족상담교육연구소

곽소현   성균관대학교 가족학 박사, 인하대학교 생활과학대학 겸임교수

김순기   경희대학교 가족학 박사, 경희대학교 생활과학대학 겸임교수

박지현   성신여자대학교 가족학 박사, 성신여자대학교 강사

배선희   경희대학교 가족학 박사, 성균관대학교 소비자가족학과 겸임교수

송말희   숙명여자대학교 가족학 박사, 서초구 건강가정지원센터장

송현애   동국대학교 가족학 박사, 백석대학교 사회복지학부 조교수

이현주   성균관대학교 가족학 박사, 평택대학교 강사

최희진   경희대학교 가족학 박사, 가톨릭대학교 아동학과 강사

한상금   성균관대학교 가족학 박사, 성균관대학교 소비자가족학과 강사

황정해   동국대학교 가족학 박사, 경남대학교 강사

베이비부머의 노년수업

2014년 8월 18일 초판 인쇄 | 2014년 8월 22일 초판 발행

지은이 한국가족상담교육연구소
펴낸이 류제동 | 펴낸곳 ㈜교문사

전무이사 양계성 | 편집부장 모은영 | 책임편집 모은영 | 본문편집 신나리
제작 김선형 | 홍보 김미선 | 영업 이진석 · 정용섭 · 송기윤
출력 현대미디어 | 인쇄 동화인쇄 | 제본 한진제본
주소 413-756 경기도 파주시 교하읍 문발리 출판문화정보산업단지 536-2
전화 031-955-6111(代) | 팩스 031-955-0955
등록 1960. 10. 28. 제406-2006-000035호
홈페이지 www.kyomunsa.co.kr | E-mail webmaster@kyomunsa.co.kr
ISBN 978-89-363-1414-9 (03330) | 값 13,000원